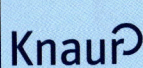

W0083433

Sigrid Engelbrecht

Richtig gute Laune kriegen

Wer gut drauf ist, hat mehr vom Leben

www.knaur-ratgeber.de

Stabile Großwetterlagen erzeugen 80

Service

Liebe Leserin, lieber Leser,

heute schon gelächelt? Dieses Buch soll Sie dazu ermuntern, mehr Sonne in Ihren Alltag zu bringen, Zuversicht zu entwickeln und das Leben beschwingter anzugehen, es bunter und fröhlicher zu gestalten. Mit guter Laune lassen sich viel leichter Probleme lösen, Projekte managen und Krisen meistern, als wenn man schlecht drauf ist.

Als Optimist wie als Pessimist können Sie von diesem Buch profitieren: Zählen Sie sich eher zu den Pessimisten, so erfahren Sie, dass vieles, was Sie für unabänderlich hielten, zu verändern ist – und wie Sie diese Veränderungen bewerkstelligen. Als Optimist lernen Sie zu den Strategien, die Sie vielleicht schon ganz intuitiv handhaben, noch weitere hinzu, die Ihr Gute-Laune-Management stärken.

Eines vorneweg: Beim Gute-Laune-Training geht es nicht darum, fortan mit einem stereotypen Dauergrinsen durch die Welt zu laufen, unentwegt guter Dinge zu sein und nur noch positiv über sich, die anderen oder das Leben zu denken. Gefühle sind die Essenz des Lebens, und zwar in ihrer gesamten Spannbreite – Freude, Zuversicht und Glück ebenso wie Trauer, Furcht, Zorn oder Schmerz. Diese Gefühle zu verleugnen oder aus Ihrem Leben verbannen zu wollen wäre fatal, denn gerade der Wechsel von Regen und Sonnenschein, von Wärme und Kälte, Dunkelheit und Licht macht das Leben spannend und abwechslungsreich. Es geht also beim Gute-Laune-Training vielmehr darum, dass man in einem Stimmungstief nicht festhängt, sondern fähig wird, beherzt gegen die Ursachen dieser Stimmungen vorzugehen. Miese Laune, so haben Wissenschaftler herausgefunden, hat nämlich einen deutlich schlechteren Einfluss auf Gesundheit und Wohlbefinden, je länger sie anhält!

Gut gelaunt sein heißt, im Einklang mit sich selbst zu sein, sich lebendig und tatkräftig zu fühlen und auch, Gelassenheit gegenüber unvorhergesehenen Ereignissen zu entwickeln. Diese lebensbejahende Haltung lässt sich lernen, so dass Sie die Sonnenscheinstunden im Alltagsleben deutlich vermehren können.

Das Gute-Laune-Training geht davon aus, dass unsere Stimmung von drei »Sonnenschein-Faktoren« bestimmt wird, die wechselseitig aufeinander einwirken:

- vom physiologischen Zustand: Atemmuster, Körperhaltung, Muskeltonus, Körpersprache
- von den Energiespendern: Schlaf, Ernährung, Entspannung, Erholung
- vom Bewertungsraster: die Art und Weise, wie Situationen und Ereignisse interpretiert werden, welche Gedanken, Bilder und Vorstellungen sie innerlich auslösen

Diese Zusammenhänge machen Sie sich in diesem Buch bewusst zunutze. Das erste Kapitel erläutert Ihnen, wie schlechte Laune überhaupt entsteht, und hilft Ihnen dabei, gegenüber den eigenen Stimmungsschwankungen sensibel zu werden und die persönlichen Stimmungskiller zu identifizieren. Das zweite Kapitel zeigt Ihnen rasch wirksame Methoden, um aus einem akuten Stimmungstief herauszukommen, indem Sie Ihren physiologischen Zustand gezielt ändern und Ihre Energiespender mobilisieren. Das dritte Kapitel widmet sich der Änderung innerer Bewertungsraster und gibt Impulse dazu, neue Maßstäbe zu entwickeln, die dauerhaft zu sonnigerer Stimmung und einem Plus an Lebenszufriedenheit führen.

Viel Spaß beim Gute-Laune-Training wünscht Ihnen

Ihre Sigrid Engelbrecht

Was uns
die Stimmung
verhagelt

Was Sie in diesem Kapitel erwartet

In diesem Abschnitt lernen Sie mögliche Ursachen schlechter Laune näher kennen. Sie erfahren außerdem, wie Körper, Geist und Seele auf eine innere Schlechtwetterlage reagieren und wie diese sich auf Herz, Kreislauf, Immunsystem und Ihr gesamtes Befinden auswirken kann. Es wird gezeigt, welche Faktoren besonders wirksam schlechte Laune erzeugen. Sie erfahren auch, wie Sie die ersten Vorboten einer Stimmungsverdüsterung besser erkennen und wahrnehmen, um dann gezielt gegensteuern zu können und das Abdriften in eine negative Abwärtsspirale zu vermeiden. Schließlich können Sie mittels eines Stimmungskiller-Tests Ihren persönlichen Hauptauslösern für miese Laune auf die Spur kommen.

Wo kommt die schlechte Laune eigentlich her?

Schlecht drauf sein, zu nichts richtig Lust haben – und irgendwie scheint sowieso alles querzulaufen … kaum jemand, der solche Zustände nicht kennt. Und wehe, wenn dann auch noch Regenwetter oder Schafskälte draußen tobt und der Vorgesetzte in gleicher Stimmung ist wie Sie selbst. Es sind diese Tage, an denen einfach nichts klappen will und man sich selbst nicht leiden kann. Ist man gereizt, kann alles und jedes zum Ärgernis werden, das einem förmlich aufgelauert zu haben scheint. Es ist, als hätte sich eine finstere Wolke über das ganze Leben gebreitet. Allerdings gibt es auch Tage, an denen Sie gut gelaunt und voller Energie tatkräftig Ihren Alltag meistern. Dann scheint die ganze Welt voller netter Menschen zu sein und alles klappt »wie am Schnürchen«.

Gute Laune – schlechte Laune: Wo kommen unsere Stimmungen eigentlich her? Manchmal sind die Gründe für einen Stimmungswechsel ganz offensichtlich wie etwa eine gute oder eine schlechte

Nachricht, das Wetter, eine besondere Begegnung usw. Oft aber trübt sich unsere Laune scheinbar ohne jeden Anlass ein oder ebenso »grundlos« ist uns auf einmal nach Singen und Tanzen zumute. Entstehen Stimmungen also einfach so aus dem Nichts heraus?

Nein, Stimmungen sind stets eine Reaktion auf einen Reiz. Das können Reize aus der Umgebung sein wie etwa eine Kollegin, die gerade an Ihrem Schreibtisch vorbeigeht, von draußen hereindringende Geräusche, eine ständig surrende Klimaanlage usw. Es können aber auch Reize sein, die aus Ihnen selbst herauskommen: Vorstellungen, Ideen, Impulse, Erinnerungen, Entscheidungsprozesse etc. Stimmungen haben stets mindestens einen, meist mehrere Auslöser. Eines aber ist sicher: Die Stimmung, in der Sie sich gerade befinden, beeinflusst Ihr Urteilsvermögen, Ihre Entscheidungen und Ihr Handeln.

Halb voll oder halb leer? – eine Frage der Sichtweise

Schauen Sie sich einmal die Liste der Einflussfaktoren auf der rechten Seite an – ganz schön beeindruckend, was alles in Ihrem Inneren für Sonne, Regen, Gewitter oder auch diffusen Nebel sorgen kann, nicht wahr? Beim Gute-Laune-Training sollen Sie diese Einflüsse nun nicht einfach ignorieren oder ausblenden, um stattdessen so eine Art immerwährendes Schönwetter zu erzeugen. Vielmehr geht es für Sie darum, Ihre Reaktion auf bestimmte Reize in einem ersten Schritt besser zu verstehen, und in einem zweiten Schritt somit mehr Entscheidungs- und Handlungsfreiheit zu gewinnen, denn: Nicht der Reiz ist entscheidend – mag er nun von außen kommen oder von innen –, sondern wie Sie mit diesem Reiz umgehen!

Alle Faktoren, die im nebenstehenden Kasten aufgeführt sind, durchlaufen Ihr persönliches Bewertungssystem. Bei zwei exakt halb mit Wasser gefüllten Gläsern sieht so eben der eine ein »halb leeres«, der andere ein »halb volles« Glas. Anders formuliert: Der eine nimmt einen Rüffel seines Chefs eher gelassen hin, für den anderen ist deswegen der Tag »sowieso schon gelaufen«.

Was beim Stimmungscocktail so alles mitmischt:

- **die Umgebung:** das Wetter, die Jahreszeit, Hitze- oder Kältereize, der Geräuschpegel, visuelle Reize, Gerüche
- **Ihre Selbstwahrnehmung und -bewertung:** Aussehen, Verhalten, Fähigkeiten, Stärken und Schwächen, Vitalität, Selbstvertrauen, Werte, Erwartungen an sich selbst
- **Sorgen:** Ängste, persönliche Probleme, Konflikte
- **Ihre Gesundheit und Ihr Lebensstil:** Schlaf, Ernährung, Alkoholkonsum, Medikamenteneinnahme, Umgang mit Stress und körperlicher Erschöpfung
- **Ihre generelle Lebenszufriedenheit:** die individuelle Einschätzung Ihres bisherigen Lebens und die Einschätzung dessen, was Ihnen die Zukunft bringen könnte
- **Ihre Erwartungen:** an andere und an deren Verhalten vor allem in Bezug auf Sie
- **Ihre Ehe bzw. Partnerschaft:** Anforderungen, gemeinsame Unternehmungen, Offenheit, Verständnis und Hilfsbereitschaft des Partners, Zärtlichkeit und Geborgenheit – oder auch, ob Sie selbstbestimmt oder unfreiwillig als Single leben
- **Ihr sexuelles Erleben:** als wie befriedigend Sie Sex erleben, welchen Stellenwert er in Ihrem Leben hat
- **Ihre Beziehung zur Familie:** zu den Eltern, Geschwistern, Kindern und anderen Verwandten
- **die Qualität Ihrer sozialen Beziehungen:** zu Freunden, Bekannten, Kollegen, Nachbarn
- **das Arbeitsleben:** berufliche Position, Betriebsklima, Arbeitsumgebung, Art der Aufgaben, Erfolge, Aufstiegsmöglichkeiten
- **Ihre finanzielle Lage:** Einkommen, Besitz, Wohnsituation
- **Ihre Freizeitgestaltung:** mit Freunden und Bekannten verbrachte Zeit, Hobbys, Erholung, Abenteuer

Wo im Gehirn entsteht die schlechte Laune und wie reagiert der Körper darauf?

All unsere Emotionen haben ihren Ursprung im Gehirn. Sie werden durch das limbische System und durch eine Art Nervenzellennetzwerk im Stammhirn erzeugt. Von dort aus werden gute oder schlechte Laune, Glücksgefühle, Zorn oder Ängste durch spezialisierte Botenstoffe, sogenannte Neurotransmitter, gesteuert. Diese Botenstoffe transportieren die Informationen von Zelle zu Zelle. Je nachdem, in welcher Stimmungslage Sie sich momentan befinden, sind unterschiedliche dieser Neurotransmitter unterwegs und ganz unterschiedliche Hirnregionen aktiv.

So kann die Wissenschaft mittlerweile relativ genau sagen, wo die Laune »sitzt«. Wenn Sie heute mit sorgenumwölkter Stirn aus dem Bett gestiegen sind, war – so Sie Rechtshänder sind – Ihr rechter präfrontaler Kortex aktiv. Das ist eine Hirnregion, die ca. zwei Zentimeter hinter dem rechten Auge zu finden ist. Sind Sie hingegen fröhlich und voller Tatendrang aus dem Bett gesprungen, wäre in Ihrem linken präfrontalen Kortex besonders viel zu sehen gewesen. Bei Linkshändern verhält es sich meist genau andersherum.

Der Körper antwortet auf alle Stimmungen

Was dieses Forschungsergebnis so interessant macht, ist, dass diese als Sitz der Grantelei geoutete Hirnregion außerdem noch Herzschlag, Atmung, Magensäuregehalt, Schweißaktivität und andere wichtige Funktionen kontrolliert, die in enger Verbindung mit der Stimmung stehen. Das bedeutet, dass Stimmungsimpulse sofort körperliche Veränderungen hervorrufen – Redewendungen wie »Ich bin sauer«, »Da bleibt mir die Luft weg« oder »Das lässt mein Herz höher schlagen« verdeutlichen diesen Zusammenhang.

Schlechte Stimmung dämpft auch die Wirksamkeit der Immunabwehr. Immer dann, wenn im Gehirn Regionen tätig sind, die mit negativen Gefühlen zu tun haben, lässt parallel dazu die Aktivität des Immunsystems nach. Viruserkrankungen beispielsweise können folglich einen Grantler viel leichter anspringen als eine Frohnatur. Muss man sich jetzt vor jedem Anflug schlechter Laune fürchten? Nein, Sie dürfen sich trotzdem manchmal nach Herzenslust ärgern, ohne sich postwendend dafür einen Schnupfen einzufangen. Es kommt nämlich darauf an, wie lange Ihr Ärger andauert! Dabei gilt: Je länger der Ärger, desto schwächer das Immunsystem.

Über einen längeren Zeitraum hinweg miese Laune zu haben, verschlechtert zudem die Funktionen des Herz-Kreislauf-Systems deutlich, wie Forscher der amerikanischen Kansas State University nachgewiesen haben. Wer also dazu neigt, häufig schlecht gestimmt zu sein, tut schon aus gesundheitlichen Gründen gut daran, Gute-Laune-Strategien zu erlernen. Die einfache Formel: Fröhliche Menschen sind weniger krank!

Gute Laune schützt vor Grippe

Eine Studie der Universität Wisconsin belegt, dass ein direkter Zusammenhang zwischen Stimmung und Immunabwehr besteht. Die Versuchspersonen, Frauen zwischen 57 und 60 Jahren, mussten sich entweder ihr schlimmstes oder ihr glücklichstes Erlebnis vergegenwärtigen und fünf Minuten lang darüber schreiben. Die Forscher zeichneten jeweils vor und nach dem Experiment die Aktivitätsmuster im Gehirn der Frauen auf. Die positiven Erlebnisse aktivierten den linken Teil des präfrontalen Kortex, die negativen Gefühle den rechten. Unmittelbar danach wurden alle Teilnehmerinnen gegen Grippe geimpft. Über einen Zeitraum von sechs Monaten kontrollierten die Ärzte dann die Antikörper aller Probandinnen: Tatsächlich hatten die Frauen, die die positiven Erlebnisse notiert hatten und deren linker Teil des Kortex aktiver war, deutlich mehr Antikörper im Blut als die Versuchspersonen mit den negativen Erlebnissen.

Interview mit Tania Konnerth

Tania Konnerth ist Diplom-Kommunikationswirtin, Autorin, Trainerin und Betreiberin des Internetportals www.zeitzuleben.de. Sie ist Spezialistin für Fragen rund um die Themen Wohlbefinden, Selbstcoaching und persönliche Weiterentwicklung.

? **Was hilft Ihnen im Alltag am meisten, auch in schwierigen Situationen bei Laune zu bleiben?**

Im Wesentlichen sind das zwei Gedanken: Einmal mache ich mir klar, dass ich mich in jeder Situation selbst entscheiden kann, ob ich gute oder schlechte Laune haben will. Zum anderen setze ich die Situation in Beziehung: Wie bedeutungsvoll ist das jetzt wirklich? Werde ich nächste Woche noch darüber nachdenken? Damit relativiert sich schon vieles.

Ein weiterer Schlüssel für mich ist, mir ganz gezielt auch Schlechte-Laune-Phasen zu erlauben. Ich glaube, dass wir uns nichts Gutes tun, wenn wir sie immer sofort unterdrücken wollen. Wenn ich merke, dass ich schlecht gelaunt bin, sage ich das und bitte darum, für ein Weilchen in Ruhe gelassen zu werden. Meist verfliegt die Sache dann von ganz allein.

? **Jeder kennt Tage, an denen nichts recht gelingen will – was machen Sie mit so einem Tag?**

Ich versuche, ihm immer wieder eine neue Chance zu geben. Denn oft programmieren wir uns durch einige Dinge, die schiefgelaufen sind, regelrecht darauf, dass nun alles schiefgehen muss. Von da an wird dann aber so ein mieser Tag selbst gemacht. Lieber denke ich so etwas wie: »Okay, bis jetzt war es nicht so dolle, dann kann es ja jetzt eigentlich nur besser werden.« Und sollte er sich tatsächlich als durchgehend daneben herausstellen, dann hake ich ihn so schnell wie möglich ab.

? Was machen Sie, wenn ein chronischer Schwarzdenker Sie in ein längeres Gespräch über die Mühsal des Lebens im Allgemeinen und im Besonderen verwickeln will?

Ich gebe zu, dass ich solche Gespräche recht schnell beende, weil ich die Erfahrung gemacht habe, dass sie fruchtlos sind. Es gibt einfach Schwarzdenker aus Leidenschaft, gegen die man nicht ankommt, und bevor ich dann selbst schlechte Laune bekomme, befasse ich mich lieber mit etwas Schönem.

? Was fällt Ihnen zu folgendem Zitat ein, das Franz Liszt zugeschrieben wird: »Glücklich, wer mit den Verhältnissen zu brechen versteht, ehe sie ihn gebrochen haben.«

In diesem Zitat finde ich viel von dem wieder, was ich anderen mit meiner Arbeit bei »Zeit zu leben«, in meinen Artikeln und Büchern zu vermitteln versuche: Dass Zufriedenheit durch eine aktive Lebensgestaltung entsteht. Wir können selbst so viel tun, um glücklich und gut gelaunt zu sein! Wir müssen unser Leben nur selbst in die Hand nehmen.

? Was sind Ihre drei stärksten persönlichen Gute-Laune-Quellen?

Mein Mann ist sehr gut darin, mich zum Lachen zu bringen. Und dann sind da meine Tiere – ihnen zuzuschauen oder mit ihnen zu spielen, hellt meine Stimmung immer auf. Als dritte Quelle dient mir die Natur – ein Spaziergang, egal bei welchem Wetter, hat bis jetzt noch fast jede schlechte Laune vertreiben können.

Sorgen, Zweifel, Grübelei verdüstern uns den Horizont

Nach diesem kleinen Ausflug in die (Human-)Biologie schauen wir uns einige prominente Schlechte-Laune-Verursacher mal etwas genauer an. Sich Sorgen machen, zweifeln, grübeln – diese drei »Gedanken-Aktivitäten« sind schon für eine ganze Menge mieser Stimmung verantwortlich, und es lauert dabei auch immer dasselbe Grundgefühl im Hintergrund: Angst.

Sorgen sind Gedanken, die sich um eine mögliche Gefahr oder etwas Unangenehmes in der Zukunft drehen. Sie haben als Ankerpunkt die Frage: »Was wäre, wenn …«, die mit einer Katastrophenerwartung verknüpft wird. Man ist davon überzeugt, dass das Eintreffen eines bestimmten Ereignisses entsetzlich, wenn nicht sogar unerträglich wäre. Sorgen können sich auf alle erdenklichen Lebensbereiche beziehen: die Gesundheit, den Arbeitsplatz, den Partner, die Familie, die Freunde, die Finanzen … Wer sich häufig Sorgen macht, dessen Laune ist entsprechend angeschlagen.

ÜBUNG:

Sorgenliste aufstellen

Gewinnen Sie einen Überblick darüber, wie häufig Sie sich Sorgen machen.

1 Führen Sie einen Tag lang eine Strichliste, in die Sie immer dann einen Strich eintragen, wenn Sie sich bei Sorgengedanken ertappen.

2 Notieren Sie hinter dem Strich ein Stichwort zum Inhalt Ihrer Sorge. Setzen Sie dann ein »Ä« für »ändern« dahinter, wenn Sie die Ursache für die Sorge aktiv angehen können, oder ein »U« für »unbeeinflussbar«, wenn Sie der Überzeugung sind, hier nichts tun zu können.

Heben Sie die Liste gut auf – Sie brauchen sie in Kapitel 3 (S. 99 ff.) wieder, wenn es darum geht, innere Haltungen dauerhaft zu ändern.

Vorsicht: Sorgenalarm!

Wir Menschen sind fantasiebegabte Wesen. Die reiche Welt unserer Vorstellungskraft kann Vorfreude schaffen, Energie spenden und uns antreiben, Erdachtes Wirklichkeit werden zu lassen. Doch genau diese Vorstellungsgabe, die uns erlaubt, Visionen zu entwickeln, Probleme zu lösen und Wünsche in die Tat umzusetzen, kann uns auch jegliche Energie rauben, wenn sie sich auf angsterfüllte Gedanken und Befürchtungen bezieht. Die entsprechenden Gehirnfunktionen vermögen nämlich nicht zu unterscheiden, ob wir uns etwas nur vorstellen oder ob es sich tatsächlich ereignet. Wenn wir uns also ein Katastrophenszenario ausmalen, sendet das Gehirn dieselben Signale an den Körper, als wäre das Vorgestellte Realität. Es weist die Nebennieren entweder an, vermehrt Stresshormone auszuschütten, und bereitet uns auf Kampf oder Flucht vor – der Atem wird flacher, der Herzschlag schneller und der Blutdruck steigt –, oder aber es lässt uns in einer Art Lähmung erstarren. Damit versetzen wir den Körper mit Sorgenszenarien völlig unnötig in einen Alarmzustand. Da die Sorgen sich eben nur auf vorgestellte Geschehnisse beziehen und im Hier und Jetzt auf gar keine reale Gefahr mit Aktivität zu reagieren ist, bleibt der Körper sozusagen auf seiner Alarmreaktion sitzen. Langfristige körperliche Folgen sind Konzentrations-, Merkfähigkeits- und Schlafstörungen.

Sorge oder Vor-Sorge?

Sorgen sind höchstens dann sinnvoll, wenn sie in ein Vor-Sorgen und ein Handeln münden und Sie auch tatsächlich etwas Zielführendes unternehmen können. Wenn Sie sich beispielsweise Sorgen machen, ob das Zwicken im Bauch harmlos oder bedenklich ist, kann nur Gewissheit Ihre Befürchtungen zerstreuen, das heißt, dass Sie sich zu einer Untersuchung beim Arzt anmelden, der bei einer Krankheit entsprechende Schritte einleiten wird. Unternehmen Sie hingegen nichts, kreist die Sorge weiter in Ihrem Kopf.

Sorgen schieben

Sorgen neigen dazu, sich wie Wolken vor die innere Sonne zu schieben und einen für das Geschehen rundherum blind zu machen. Mit der Sorgenschiebeübung gewinnen Sie in einem akuten Sorgen-»anfall« wieder etwas Abstand und spüren, dass Sie selbst entscheiden, wohin Ihre Aufmerksamkeit geht. Dass Sie es sind, der sich die Sorgen macht, und nicht die Sorgen Sie machen.

1 Setzen Sie sich bequem auf einen Stuhl, und atmen Sie ein paarmal tief durch, bis Sie innerlich zur Ruhe kommen.

2 Denken Sie an etwas, vor dessen Eintreffen Sie sich fürchten oder das bereits eingetroffen ist und dessen weiterer Verlauf Ihnen Sorgen bereitet.

3 Richten Sie Ihre ganze Aufmerksamkeit auf die betreffende Sache. Schauen Sie sich diese so genau an wie ein Forscher, der möglichst viele Aspekte seines Forschungsgegenstands erfassen will. Widerstehen Sie der Neigung, über die Sache nachzudenken, und auch dem Impuls, sie zu bewerten, zu beurteilen oder lösen zu wollen. Schauen Sie das »Sorgenkind« einfach nur an. Atmen Sie dabei ganz ruhig weiter, aus, ein, aus, ein.

4 Entlassen Sie jetzt die Sorge aus dem Fokus Ihrer Aufmerksamkeit, und richten Sie Ihre ganze Konzentration auf ein beliebiges Objekt in Ihrer Umgebung. Nehmen Sie wieder die Rolle des Forschers ein, und betrachten Sie den Gegenstand so genau wie möglich. Atmen Sie dabei ganz ruhig weiter, aus, ein, aus, ein.

5 Richten Sie Ihre Aufmerksamkeit wieder auf das, was Ihnen Sorgen macht, und dann wieder auf den Gegenstand.

6 Wiederholen Sie dieses Hin- und Herwechseln mit Ihrer Aufmerksamkeit, bis Ihnen Ihr Sorgenthema weniger drückend erscheint.

Wenn Sorgen als Vor-Sorgen in konkretes Tun münden, haben sie ihre Berechtigung. Und sobald Sie dann aktiv geworden sind, lösen sie sich auch von selbst wieder auf, und die Stimmung steigt.

Drehen sich Ihre Befürchtungen hingegen um unbeeinflussbare Dinge, dann gesellen sich zur Sorge noch Hilflosigkeit und Angst hinzu. Diese Kombination ist ein besonders unbarmherziger Stimmungskiller. Je länger ein solcher Gemütszustand Ihr Denken besetzt hält, umso stärker wird auch die Gewissheit, dass das Befürchtete tatsächlich eintritt. Fatalerweise ist es dann oft wirklich so: Je intensiver man sich gedanklich mit etwas beschäftigt, desto wahrscheinlicher wird es, dass es sich bewahrheitet,

Solange Sorgen zum Vor-Sorgen und damit zum Vermeiden realer Gefahren führen, haben sie ihren Platz.

da man unwillkürlich beginnt, sein Denken und Handeln entsprechend seinen Vermutungen auszurichten. Und so geschieht es dann – auch ohne dass Sie dies bewusst anstreben –, dass genau das eintritt, was Sie befürchtet haben. In der Wissenschaft nennt man dies eine »selbsterfüllende Prophezeiung«.

Auch haben es sich viele Menschen zur Gewohnheit gemacht, sich gerade dann besonders intensiv Sorgen zu machen, wenn sich eine Situation ihrer Kontrolle entzieht. Hier steckt eine gute Portion an Aberglauben dahinter, nach dem Motto: »Wenn ich mir nur genügend Sorgen um etwas mache, dann kann ich damit verhindern, dass es Wirklichkeit wird.« Doch leider ist oft das Gegenteil der Fall.

Ver-zweifeln Sie nicht!

Zweifel sind sozusagen eine Vorhut der Sorgen. Sie können sich tückischerweise sowohl auf die Zukunft als auch auf die Vergangenheit beziehen. »Hast du dich richtig entschieden?«, fragt etwa der Zweifel, und schon macht sich die Angst breit, es könnte doch die falsche Entscheidung gewesen sein, und bang meldet sich die Sorge, was das nun für Konsequenzen für die Zukunft haben könnte. Natürlich nur die allerschlechtesten. Die Sorge wäre keine richtige

Sorge, wenn sie nicht ihr Möglichstes täte, um das fantasierte Szenario mit schrecklichen Vorstellungen auszuschmücken. Die Angst will ja schließlich auch etwas zu tun haben … und dann meldet sich der Zweifel wieder und sagt: »Ob das gut ist, wenn du dich so aufregst?«, gefolgt von der Angst: »O weh, das könnte schlecht für mein Immunsystem sein«, und die Sorge übernimmt wieder die bildliche Ausgestaltung der Befürchtungen: »Klar, die nächste Grippe springt mich an, todsicher, und dann bin ich tagelang außer Gefecht gesetzt, und kann das Projekt nicht rechtzeitig beenden, und das wird meinem Chef gar nicht gefallen« und, und … Na, Sorgen, Angst und Zweifel – das ist doch ein Dreamteam, oder?

Besonders tückisch sind Selbstzweifel. »Kann ich das wirklich?«, »Bin ich attraktiv genug?«, »Weiß ich genug für diese neue Herausforderung?« »Mögen mich die anderen in der Gruppe?« usw. Das ist natürlich eine Steilvorlage für Ängste und Sorgen. Da niemand perfekt ist, gibt es immer Schwachstellen, an denen Befürchtungen wunderbar einhaken können. Und je länger solche Selbstzweifel andauern, desto negativer wird auch das Bild von der eigenen Person.

Zweifel-Gedanken sind dann am quälendsten, wenn sie in Form der Selbstzweifel auftreten.

Man sucht geradezu nach weiteren Hinweisen auf persönliche Unzulänglichkeiten und übersieht dabei leicht seine Stärken und Vorzüge. Wenn man dann in der entsprechenden Situation zweifelnd und sorgenvoll auf die Reaktionen der anderen schielt, na, kann einen dann nicht schon ein einziges Stirnrunzeln völlig aus der Fassung bringen?

Keine Überraschung ist, dass natürlich auch das Zweifeln nicht ohne spürbare – und manchmal sogar sichtbare – Auswirkungen auf den Körper bleibt: Gewohnheitszweifler aktivieren unbewusst immer wieder ganz bestimmte Muskelgruppen. So rühren beispielsweise häufige Kopf- oder Nackenschmerzen nicht selten daher, dass durch andauernde innerliche Belastung und die daraus resultierende Muskelspannung Fehlhaltungen entstanden sind. Der Körper findet dann nur schwer zu seinem schmerzfreien »Normalzustand« zurück.

Nebel im Kopf: Der Grübelzwang und was dabei (nicht) herauskommt

Während die Sorgen düstere Bilder auf die Zukunft projizieren, beschäftigt sich das (Nach-)Grübeln eher mit dem Wiederkäuen der Vergangenheit. Während der Zweifel aber die Dinge noch relativ offen sieht nach dem Motto »Habe ich das auch wirklich alles richtig gemacht?«, ist die Lieblingsfrage eines eingefleischten Grüblers »Warum?« oder besser noch: »Warum nur …?«. Diese Frage führt mitten hinein in den Nebel, denn: Lässt sie sich je abschließend beantworten? »Warum hat Gerda vorhin nicht den Mund aufgekriegt?«, »Warum nur bin ich nicht auf die

Die Frage nach dem »Warum?« lässt sich wohl kaum erschöpfend beantworten.

Idee gekommen, mir für die Behauptungen meines Geschäftspartners auch Belege zeigen zu lassen?« usw. Bevor Sie hierauf eine zufriedenstellende Antwort finden, sind alle Reste einer möglicherweise ganz gut gewesenen Stimmung längst verschwunden.

Die »Warum nur?«-Frage umgibt sich dann auch gern mit einem Gefolge von Begleitfragen wie »Was wäre gewesen, wenn …?« oder »Was hätte sein können, wenn nur nicht …?«. Selbstanklagen und Schuldgefühle eignen sich ganz hervorragend für Grübeleien: »Wie konnte ich nur …?« oder »Das hätte mir nie passieren dürfen!«.

Besonders dicht wird der Nebel, wenn Zweifeln und Grübeln sich verbünden. Das sieht dann beispielsweise so aus: »Hat Susanne das wirklich ehrlich gemeint, als sie sagte, sie stünde in dieser Sache auf meiner Seite?«, sät den Zweifel aus und das Grübeln stürzt sich gleich auf den reichhaltigen Vorrat an negativen Vermutungen über Susanne im Allgemeinen und im Besonderen.

Während die Sorgen gern Karussell spielen, tritt der Grübelzwang eher als ein Dickicht mit unzähligen Verzweigungen auf, als eine Art zwielichtiger Irrgarten, in dem man sich leicht verlieren kann. Deswegen führt Grübelei kaum je zu guten Lösungen, sondern eher zu innerer Lähmung und verpassten Chancen.

Ärger: das innere Donnergrollen

Ärger kann variieren zwischen leichten Wölkchen, die schnell wieder vorüberziehen, großen Wolken, die aber noch Sonne durchlassen, und finsteren Gewitterwolken, die sich in Schreien, Türenknallen, Kündigung bis hin zum tätlichen Angriff entladen können. Selten vergeht ein Tag, ohne dass man sich nicht über Mitmenschen oder auch über sich selbst geärgert hätte. Zunächst ist das ganz normal. Ärger ist eines jener Gefühle, das man völlig zu Recht zu erleben meint. Denn schließlich hat man doch irgendwie einen Anspruch darauf, dass die Dinge wie geplant ablaufen, nicht wahr?

Solange Ärgergefühle nicht überhandnehmen, stellen sie in der Tat kein Problem dar. Sie fangen jedoch an, ungesund zu werden, wenn sie sich zu stetigen Begleitern entwickeln und Sie sich mehrmals am Tag so richtig in das hineinsteigern, was Sie wurmt – vor allem dann, wenn es Dinge sind, die Sie ohnehin nicht ändern können.

Durchkreuzte Pläne

Ärger und Enttäuschung entstehen, wenn Erwartungen und Realität auseinanderfallen, haben also immer mit unerfüllten Wünschen, unrealisierbaren Vorstellungen und durchkreuzten Plänen zu tun: Sie fahren wie gewohnt am Morgen zur Arbeit und stehen plötzlich in einem Stau – und gerade heute ist eine wichtige Besprechung angesetzt. Oder Sie werden bei einer Teamauswahl übergangen. Oder Ihr Sohn hat eine Fünf in Mathe heimgebracht.

Besonders stark wallt Ärger hoch, wenn er mit einem – echten oder vermeintlichen – Angriff auf die eigene Person verknüpft ist. Sich übergangen, geringschätzig behandelt oder nicht ernst genommen zu fühlen, das schürt Ärgergefühle ganz massiv.

Doch auch Ärger über sich selbst, den eigenen Erwartungen nicht entsprochen zu haben, nervt: Fehlentscheidungen, ein unbedachtes Ja, wo eigentlich ein ganz entschiedenes Nein besser gewesen wäre, oder einfach nur banale Missgeschicke: Die Milchtüte ist aus der

Hand gerutscht, Sie stehen in einer großen Lache – und Ihre Straßenbahn zur Arbeit geht in exakt fünf Minuten.

Oft bietet sich keine Gelegenheit, die ärgernde Situation zu klären – die folgende Übung vor dem Spiegel hilft Ihnen in solchen Fällen dabei, Ihren Ärger nicht zu »verschlucken«, so dass sich dann der nächste Ärger einfach oben draufsetzt, und der nächste, und der nächste … Chronischer Ärger spiegelt sich sonst irgendwann auch in Ihrem Gesicht. Und wenn Freunde und Kollegen dann aufgrund Ihrer ständig finsteren Miene einen Bogen um Sie machen, ist das natürlich wiederum ein Grund, sich zu ärgern.

ÜBUNG:
Spieglein, Spieglein an der Wand …

Denken Sie an das letzte Mal zurück, als Sie sich geärgert haben. Worum ging es da, und was hat sich da eigentlich abgespielt?

1 Stellen Sie sich vor Ihren Spiegel, und schildern Sie Ihrem Spiegelbild Ihren Ärger. Beschreiben Sie die ärgerliche Situation so, als würden Sie sie einem Freund oder einer Freundin erzählen.

2 Schauen Sie dabei Ihrem Spiegelbild in die Augen – und bleiben Sie mit sich selbst in Blickkontakt.

3 Gehen Sie bei der Schilderung Ihres Ärgers besonders auf die Beschreibung Ihrer Gedanken, Gefühle und Körperreaktionen ein – also auf die Resonanz, die der Ärger in Ihnen hervorgerufen hat.

4 Wenn Sie den Eindruck haben, nun sei alles gesagt, dann schenken Sie sich ein Lächeln, und sagen Sie so etwas wie »Es ist okay, dass ich mich geärgert habe«.

Bei kleineren Ärgernissen haben Sie wahrscheinlich schon bei Schritt 1, 2 oder 3 lächeln oder lachen müssen, da sich dann, wenn Sie Ihren Ärger konzentriert zum Thema machen, die Ärgerwolken oft schon von selbst zu verflüchtigen scheinen.

Warum es anderen grundsätzlich bessergeht als uns selbst

Sie stehen mit Ihrem Einkaufswagen im Supermarkt in der Schlange an einer der Kassen. Während Sie warten, registrieren Sie unwillkürlich die Lage an den Kassen rechts und links neben Ihnen. Scheint es dort nicht viel schneller voranzugehen? Hat sich nicht die Frau, die gerade bezahlt, gleichzeitig mit Ihnen angestellt?

Sich mit anderen zu messen scheint uns im Blut zu liegen. Wer sich als »besser« einordnet, sonnt sich darin, wer unterliegt, fühlt sich oftmals unzulänglich oder kommt sich wie ein Pechvogel vor. Man schielt dann neidisch auf den, der mehr erreicht hat, attraktiver ist, das größere Auto fährt, die besseren Kontakte hat – im Prinzip kann man auf fast alles und jeden neidisch werden. Nach dem argentinischen Psychologen Jorge Bucay lässt sich diese Neigung zu scheelen Vergleichsblicken auf den Punkt bringen mit dem Satz: »Oh, was wäre ich glücklich, mit dem, was ich nicht habe.«

Das ständige, fast schon automatische Vergleichen zwischen sich selbst und anderen scheint die selbstverständlichste Sache der Welt zu sein.

Besser sein, Erster sein und zum Lohn für alle Mühe und Anstrengung auf dem Siegertreppchen stehen ... in einer solchen Situation braucht niemand ein Gute-Laune-Training, oder? Doch das Leben besteht eben nicht nur aus solchen Augenblicken, und so muss man es öfter hinnehmen, andere auf dem Siegertreppchen zu sehen und selbst nur Zweiter, Fünfter oder Sechzehnter zu sein. Und dann? Nicht der Drang selbst, sich mit anderen zu vergleichen und zu messen, ist ein Stimmungskiller, sondern ob bzw. wie stark jemand seinen gefühlten Selbstwert vom Gewinnen oder Verlieren abhängig macht. Mit Gedanken, die häufig darum kreisen, was Ihnen im Gegensatz zu anderen alles zu Ihrem Glück fehlt, wie gut es die anderen haben und wie arm Sie selbst dran sind, steuern Sie aber geradewegs in eine schwarze Wolkenwand aus Ärger und Bitterkeit hinein.

Es versteht sich von selbst, dass natürlich niemand neidisch ist auf die Probleme, mit denen ein anderer kämpft, oder die Schmerzen, unter denen er vielleicht leidet, sondern stets nur auf das Tolle, das Positive, das bei ihm zu erkennen ist, schielt. Leicht vergessen wir auch, dass es keinem Menschen nur gut geht und dass so manche Fähigkeit, die sich so mühelos darstellt, hart erarbeitet worden ist. Neid schaut eben nur auf das Ergebnis und blendet den Preis dafür gerne aus. Nehmen wir eine Opernsängerin oder einen Profifußballer: Beide haben ihren Ruhm und ihr Können mit unzähligen harten und anstrengenden Übungsstunden »bezahlt«. Auf dieses Training sind wir in der Regel kaum neidisch.

Doch nicht nur permanente Vergleiche machen unglücklich, auch andere Überzeugungen lassen schnell innere Wolkentürme wachsen.

Ganz schön hartnäckig: die inneren Antreiber

Neben dem Drang, mit anderen in Wettbewerb zu treten, stellt jeder auch ganz bestimmte Ansprüche an sich selbst, wie er zu sein, was er zu tun und zu lassen hat. Viele dieser Ansprüche sind eng mit dem eigenen Selbstwertgefühl verknüpft und entstammen oft der Kindheit, der Jugend oder den frühen Erwachsenenjahren. Nichtsdestotrotz prägen sie weiter das Erwachsenenleben, oft bis ins hohe Alter hinein.

Nun ist es ja an sich nicht verkehrt, von sich selbst etwa Schnelligkeit oder Genauigkeit zu fordern, sich um Liebenswürdigkeit und gute Umgangsformen zu bemühen oder sich dazu anzuhalten, nicht beim kleinsten Gegenwind gleich die Flinte ins Korn zu werfen. Im Gegenteil: Solche Ansprüche können Ihnen dabei helfen, private oder persönliche Ziele zu erreichen. Kritisch wird es erst, wenn die Anforderungen an einen selbst einem unrealistischen Absolutheitsanspruch folgen und zu despotischen Antreibern werden, die keine Ausnahme kennen und keine Fehler zulassen.

Die Top 10 der inneren Ansprüche – und was sie bewirken können

Zu erkennen sind die gefährlichen inneren Ansprüche an Wörtern wie »immer« oder »nie«, »alle«, »niemand« usw. Einige der häufigsten inneren Antreiber sind:

- Ich muss immer vermeiden, etwas falsch zu machen, weil sonst…
- Entweder mache ich das ganz oder gar nicht, weil sonst…
- Ich muss immer gut aussehen, weil sonst…
- Andere müssen mich mögen, weil sonst…
- Ich sollte immer für meine Familie und meine Freunde da sein, weil sonst…
- Ich darf anderen keinen Wunsch abschlagen, weil sonst…
- Ich muss immer der/die Beste sein, weil sonst…
- Ich muss möglichst viel verdienen, weil sonst…
- Ich muss mit allem selbst fertig werden, weil sonst…
- Ich darf keine Schwäche zeigen, weil sonst…

…und so weiter, und so weiter. Das »Weil-sonst…« steht dabei stets für Ängste und Befürchtungen, die durch die Erfüllung des Anspruchs abgewehrt werden sollen.

Was bedeutet das für gute oder schlechte Laune? Sind die eigenen Ansprüche gut zu erfüllen, fühlt man sich wohl und bestätigt. Hängt jedoch die Messlatte in schwindelerregenden Höhen (Wer kann schon »immer« für seine Familie da sein? Was genau heißt eigentlich »viel verdienen«?), dann sind dauerhafte Unzufriedenheit und Hadern mit sich selbst die Folge. Die innere Seelenlandschaft verdüstert sich rapide. Man fühlt sich getrieben und treibt sich doch im Grunde nur selbst an. Man übt Druck auf sich aus, statt zu hinterfragen, wie realistisch und sinnvoll die eigenen Ansprüche sind. Vielleicht sind tatsächlich etliche davon überhöht und stehen einem sonnigen Alltagsleben entgegen. Um sie hinterfragen zu können, ist es gut, zunächst einmal eine Bestandsaufnahme zu machen.

Ansprüche und Antreiber erkennen

Nehmen Sie sich eine Viertelstunde für sich selbst Zeit, und denken Sie über Ihre Ansprüche an sich selbst nach. Als Anregung können die folgenden Lückentexte dienen:

- Ich muss …, weil sonst …
- Ich sollte …, weil sonst …
- Ich darf nicht …, weil sonst …

Notieren Sie die erkannten Selbstansprüche und auch, in welchen Situationen sie wirksam sind und zu welchen Ergebnissen dies führt.

- Sind Sie davon überzeugt, dass der jeweilige Anspruch heute für Sie wirklich (noch) sinnvoll und angemessen ist?
- Tut es Ihnen gut, diesen Anspruch an sich selbst zu haben?
- Macht der Anspruch Sie glücklicher und zufriedener?

In Kapitel 3 werden Sie wirksame Techniken kennenlernen, um Ihren »Vorratskeller« an alten Ansprüchen zu entrümpeln und sich damit von viel ungesundem Druck zu befreien.

Schlechte Laune kann zur Gewohnheit werden

Angst und Zorn lassen sich leichter aktivieren als Freude und Begeisterung, denn sie dienen seit der Frühzeit unserer Entwicklungsgeschichte dem Selbstschutz bei Gefahren oder Angriffen und ermöglichen ein automatisches und blitzschnelles Reagieren in Form von Flucht, Angriff oder Sich-tot-Stellen. Eine gute Stimmung ist zwar hervorragend für die Motivation, ist aber aus der Perspektive der Evolution betrachtet eher eine Art Sahnehäubchen, denn auch ohne sie ist man lebens- und handlungsfähig. Die leidige Folge davon: Miesepetrigkeit tritt häufiger auf als sonnige Stimmung und wird so oft zur Gewohnheit.

Ob wir gut mit uns selbst auskommen und ob wir im Leben das bekommen, was wir uns wünschen, wird von den Gewohnheiten mitbestimmt, die wir uns im Laufe unseres Lebens angeeignet haben. Das Denken und Tun vorwiegend gut gelaunter Menschen ist normalerweise darauf ausgerichtet, ihr Wohlbefinden zu fördern. Sorgenbeladene Menschen hingegen tun und denken gewohnheitsmäßig Dinge, die zu noch mehr Sorgen führen. So kommt es, dass manche selbst im Unglück ihren Humor nicht verlieren, während andere, auch wenn es ihnen eigentlich gutgeht, weiter ihre Sorgenfalten pflegen.

ÜBUNG:
Wie geht's mir eigentlich?

»Wie geht es mir?« oder »Wie fühle ich mich?«. Normalerweise stellen Sie sich eine solche Frage wahrscheinlich selten so direkt. Diese Übung schafft Abhilfe.

1 Probieren Sie aus, im Laufe des Tages immer mal wieder ein bis zwei Minuten innezuhalten und sich zu fragen, wie Sie momentan so »drauf sind«. Versuchen Sie sich über Ihre vorherrschende Stimmungslage so genau wie möglich klar zu werden.

2 Registrieren Sie, wie Ihr Gefühl sich im wahrsten Sinne des Wortes »anfühlt«: wie es Ihrem Kopf damit geht, Ihrem Gesicht, Ihrem Brustraum, Ihrem Bauch, Ihren Händen, Ihren Beinen ...

3 Fragen Sie nicht nach Gründen für diese Stimmung, grübeln Sie nicht darüber nach, wo sie herkommt, versuchen Sie nicht, etwas zu ändern oder festzuhalten – nehmen Sie einfach nur wahr, was gerade ist.

4 Nach dieser kleinen Unterbrechung widmen Sie sich wieder dem, was gerade für Sie ansteht.

Führen Sie diese einfache Übung ca. eine Woche lang täglich einige Male durch. Sie werden feststellen, dass Ihre Aufmerksamkeit wächst und dass Sie im Laufe der Zeit »wie von selbst« etwas gelassener werden.

Gewohnheiten helfen uns Zeit zu sparen und uns gleichzeitig mehreren Dingen widmen zu können. Anderenfalls könnten wir niemals Fahrrad fahren, uns eine Krawatte binden oder mit Messer und Gabel essen. Von frühester Kindheit an lernen wir Prozesse zu automatisieren, so dass sie aus dem Bewusstsein treten und im Hintergrund weiterarbeiten. Nachteilig dabei ist jedoch, dass auch ungünstige Gewohnheiten so automatisiert werden können, dass wir sie teilweise selbst gar nicht mehr bemerken. Doch andere registrieren sie sehr wohl. »Was, ich bin doch nicht die, die dauernd von ihren Krankheiten erzählt, so ein Unsinn!«, »Wieso findest du, dass ich den ganzen Tag vor mich hin maule? Tu ich doch gar nicht!«.

Auch Denkmuster laufen per Autopilot ab

Gewohnheiten beziehen sich aber nicht nur auf das Verhalten, sondern auch auf Denken und Fühlen. Ist also jemand gewohnt, auf stressige Situationen erst einmal gelassen zu reagieren, so wird er angesichts seines überladenen Schreibtisches tief durchatmen und sich etwa sagen: »Tja, da muss wohl was passieren ... also mal ran« – und dann die Ärmel aufkrempeln und einfach loslegen. Jemand, der gewohnheitsmäßig zaudert, würde in derselben Situation wahrscheinlich eher gestresst zu klagen beginnen, der Unlust nachgeben und vielleicht die Arbeit den halben Tag vor sich herschieben – was den Verdruss natürlich wiederum intensiviert.

Wenn man seinem Gehirn beigebracht hat, in erster Linie »das Haar in der Suppe« zu finden, dann wird es automatisch – quasi per Autopilot – genau das tun und alles Positive ausblenden. Konzentrieren Sie sich also mit schöner Regelmäßigkeit auf die Nachteile einer Sache, dann deshalb, weil Ihre Gedanken sich bislang vorrangig mit Nachteilen beschäftigt haben und in Ihrem Gedächtnis ein großer Speicher mit entsprechenden, dazupassenden Vorerfahrungen angewachsen ist. Sie tragen also eine Art Filter, der alles aussondert, was nicht zu Ihrem individuellen »Suchauftrag« und Ihren bislang gemachten Erfahrungen passt.

Deshalb speichern auch Pessimisten vor allem ihre Misserfolge und Optimisten primär ihre Erfolge. Besuchen ein Optimist und ein Pessimist gemeinsam eine Party, dann erleben sie sie unterschiedlich. Der Optimist wird sich überwiegend an das erinnern, was ihm gefallen hat, der Pessimist an Schiefgegangenes. Und beide fügen unbewusst ihren Gedächtnisspeichern die entsprechenden Informationen, Bewertungen und – ganz wichtig – die damit verbundenen Gefühle hinzu. Fällt dann später irgendwann das Stichwort »Party«, dann fallen beiden nicht nur ihre entsprechenden Assoziationen dazu ein, sondern sie rufen auch die »passende« Stimmung dazu mit auf.

Man bedient sich also vorwiegend aus den Gedächtnisspeichern heraus, ärgert sich so z. B. automatisch über Kälte oder aktiviert beim Anblick eines unbeliebten Kollegen blitzschnell jede Menge Ärger.

Das Gute-Laune-Training hat Grenzen

Überwiegend deprimierende, ängstliche, ärgerliche oder neidische Gedanken zu hegen verhindert, dass im Körper Energie und Lebensfreude entstehen können, da man das eigene Gehirn quasi daran hindert, Wohlfühlbotenstoffe auszusenden. Dadurch wird das Gleichgewicht der biologischen Funktionen gestört. Wer z. B. zu hohe Erwartungen an sich selbst hat, sich gewohnheitsmäßig mit Vorwürfen bedenkt oder Katastrophenszenarien entwirft, erzeugt damit ein permanentes inneres Tiefdruckgebiet. Dies führt oft auch zu ungeeigneten Ablenkungs- und Bewältigungsstrategien, wie zu viel zu essen, zu viel Alkohol zu trinken, zu rauchen oder sich zu wenig Schlaf zu gönnen. Wer mit sich und anderen nicht im Reinen ist, achtet in der Regel generell zu wenig auf seinen Körper und sein Wohlbefinden und ist stattdessen entweder ständig gehetzt und unter Druck oder agiert fast nur über seinen »Autopiloten«, der einfach den eingefahrenen Programmen folgt.

Oft, aber nicht immer, hilft Stimmungsmanagement weiter. Zwar lassen sich viele leichtere seelische Verstimmungszustände gut beeinflussen, doch hat das Gute-Laune-Training auch seine Grenzen. So gehören Dauertiefs in Form von Depressionen unbedingt in die Hände eines Fachmanns. Depressionen können in jedem Alter auftreten. Konkrete Auslöser sind häufig schwierige Lebensumstände wie beispielsweise die Trennung vom Partner, der Tod eines Familienmitglieds, eine schwere Krankheit, berufliche Überbeanspruchung, Verlust des Arbeitsplatzes usw. Viele der Betroffenen leiden unter einer starken Antriebshemmung, sie plagen sich häufig mit Selbstzweifeln und Schuldgefühlen.

Leichte Flaute oder stabiles Tief?

Die Hilfe eines Arztes oder Psychotherapeuten sollten Sie suchen:

... wenn Sie schon seit längerem den Eindruck haben, sich über nichts mehr wirklich freuen zu können.

... wenn Sie mehr und mehr generell an sich und Ihren Fähigkeiten zweifeln, glauben, eigentlich nichts wirklich auf die Reihe zu kriegen.

... wenn Sie an Dingen, die Ihnen früher viel Spaß gemacht haben, kein Interesse mehr haben.

... wenn Sie sich immer seltener zu Aktivitäten aufraffen können und den Eindruck haben, dass Ihnen alles schwerfällt.

... wenn Sie sich häufig antriebslos, müde und erschöpft fühlen, oft schon, bevor Sie noch überhaupt irgendetwas getan haben.

... wenn Sie Schwierigkeiten haben einzuschlafen und dann mitten in der Nacht oder in den frühen Morgenstunden aufwachen und nicht mehr weiterschlafen können.

... wenn Ihnen öfter generell »alles sinnlos« vorkommt.

Dies können Anzeichen einer echten Depression sein, doch nur ein Experte vermag hier eine richtige Diagnose zu stellen und die Depression gezielt zu behandeln.

Ihr Stimmungsbarometer

Um gute Laune effektiv trainieren zu können, ist es hilfreich, zunächst einmal mehr über sich selbst und die eigene Stimmung herauszufinden. Diese Sensibilität können Sie sich ganz spielerisch mit einem Stimmungsbarometer erwerben. Dies ist quasi die »Aufbau-Übung« zu »Wie geht's mir eigentlich?« (siehe S. 26). Und so geht's:

1 Legen Sie für jeden Tag eine Tabelle mit Stimmungslagen und Zeiten an, Muster siehe rechts.

2 Tragen Sie Ihre jeweilige Stimmungslage mit einem Kreuzchen in die Tabelle ein.

3 Notieren Sie am Ende des Tages anhand der Veränderungen in Ihrer Stimmungslage die Ursachen dafür. Wenn beispielsweise morgens die Lage sonnig war und mittags diffus und neblig, was der/die Auslöser für diesen Wechsel gewesen sein könnte/n. Stichpunkte genügen.

Nehmen Sie nach einer Woche Ihre sieben Blätter zur Hand,
und fragen Sie sich:

- Wo liegen Ihre Stimmungsschwerpunkte?
- Was waren die hauptsächlichen Gründe für Stimmungsänderungen?
- Gibt es wiederkehrende Muster?
- Welche Situationen gab es, in denen Ihre jeweilige Stimmung Einfluss auf Ihre Entscheidungen oder auf den Umgang mit anderen hatte?
- Welche Erkenntnisse gewinnen Sie daraus?

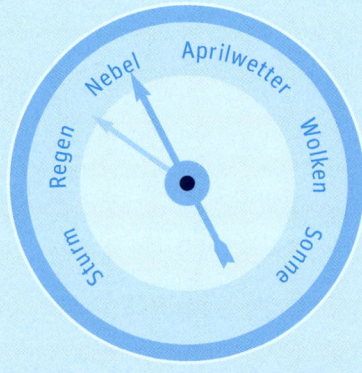

Datum:	Morgens	Mittags	Nachmittags	Abends
strahlender Sonnenschein				
sonnig				
vorwiegend sonnig				
kleine Wölkchen				
Aprilwetter				
diffus, neblig				
monotoner Nieselregen				
dunkle Wolken				
Sturm				

Notizen:

. . . .

. . . .

. . . .

. . . .

. . . .

. . . .

. . . .

. . . .

. . . .

. . . .

Das bringt das Stimmungsbarometer

Wenn Sie die vorangegangene Übung etwa vier Wochen lang täglich durchführen, können Sie dadurch tiefere Einsichten in Ihre persönlichen Auslöser für Stimmungswechsel gewinnen, vor allem für das Kippen einer sonnigen Stimmung in Richtung Regenwetter, Nebel oder Sturm. Sie werden sensibel dafür, was genau dem Wechsel vorausging. Waren die »dunklen (Stimmungs-)Wolken« wirklich dem Streit mit Ihrem Kollegen geschuldet oder hat es nicht schon gegrummelt, bevor das Gespräch überhaupt angefangen hat?

Doch auch Stimmungswechsel in Richtung Sonne sind interessant: Gab es dafür einen einzigen Grund – oder haben verschiedene Faktoren dazu beigetragen? Ließe sich der eine oder andere davon vielleicht auch ganz bewusst einsetzen?

Mit wachsendem Selbst-Bewusstsein – hier gemeint im wörtlichen Sinne – wird es Ihnen mit der Zeit zunehmend müheloser gelingen, die eigentlichen Ursachen für einen Stimmungsumschwung nach unten ausfindig zu machen und Symptome von aufkommenden Verdüsterungen zu erkennen. So können Sie eine Art Frühwarnsystem für ein Abkippen Ihrer Stimmung in Übellaunigkeit entwickeln und gegebenenfalls rechtzeitig gegensteuern.

Nach oben oder nach unten? – Sie haben es in der Hand!

Körper, Geist und Seele wirken unentwegt wechselseitig aufeinander ein. Je nach Beschaffenheit der Gedanken werden entsprechende Hormone ausgeschüttet, wird die Aktivität des Kreislaufsystems und der Drüsen angeregt oder gedrosselt, die Motorik in Bewegung versetzt oder verlangsamt. Gleichzeitig ist es, wie wir noch sehen werden, möglich, durch körperliche Aktivität Einfluss auf Denken und Gefühlsleben zu nehmen.

Auch wenn es hin und wieder in Ordnung ist, seine schlechte Stimmung auszukosten, sollte dies natürlich nicht die Regel sein. Wer sich, zunächst mal nur leicht schlecht gelaunt, einfach in eine solche Stimmung hineinfallen lässt, braucht oft nicht lange zu warten, bis etwas kommt, das dieses Schlecht-drauf-Sein verstärkt. Ruck, zuck gerät man so in eine Abwärtsspirale (siehe Abbildung unten).

Wollen Sie eine negative Stimmung beeinflussen, dann können Sie entweder bei Ihrer Gedankenwelt oder beim Körper ansetzen, z. B. sich positive Gedanken machen oder etwas an Ihrer Körperhaltung ändern bzw. sich körperlich gut in Schwung bringen. Körper, Geist und Seele haben stets das Bestreben, in Einklang zu kommen, das heißt, wenn Sie auf der einen Ebene etwas verändern, dann verändern Sie unweigerlich die anderen Ebenen mit. So lassen sich anstelle der negativen Spiralen, die »wie von selbst« zu geschehen scheinen, positive Spiralen erzeugen (siehe Abbildung nächste Seite) – je früher Sie damit anfangen, desto besser.

Schlechte-Laune-Spirale

2. Sie denken nach und finden viele Gründe, weshalb Sie einfach schlecht gelaunt sein »müssen«.

1. Sie fühlen sich »irgendwie schlecht drauf« und haben keine Lust, überhaupt etwas zu tun.

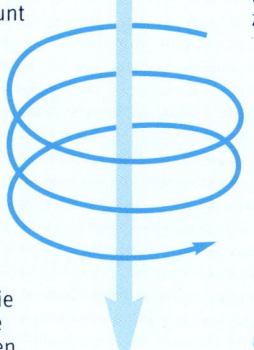

3. Andere machen einen Bogen um Sie, weil Sie eine geballte Ladung Miesepetrigkeit ausstrahlen.

4. Das verhagelt Ihnen die Stimmung noch mehr; Sie fühlen sich ausgeschlossen, und Ihre Laune verdüstert sich weiter; wenn jemand Sie anspricht, reagieren Sie unwirsch.

5. Ihre Stimmung ist auf dem Nullpunkt; jeder Handgriff ist Ihnen zu viel. Egal, was jetzt geschieht: Sie fühlen sich nur noch genervt.

Gute-Laune-Spirale

5. Ihre Laune wird immer sonniger und Sie beschließen, heute noch etwas zu unternehmen, was Ihnen so richtig Spaß macht.

4. Sie merken, dass Ihre Stimmungslage aufklart und haben ein freundliches Lächeln auf den Lippen – und scheinen plötzlich nur von freundlichen, gut gelaunten Kollegen umgeben zu sein; das beflügelt Sie bei Ihrer Arbeit.

3. Sie richten Ihren Blick ganz bewusst auf angenehme und erfreuliche Dinge in Ihrer Umgebung, verwöhnen sich selbst mit einer Tasse Schokolade.

2. Sie achten darauf, körperlich gut in Schwung zu kommen, machen ein paar Atemübungen, gehen ein Stück zu Fuß und schreiten kräftig aus.

1. Sie fühlen sich »irgendwie schlecht drauf« und haben keine Lust, überhaupt etwas zu tun.

Wenn Sie sich die Gute-Laune- bzw. die Schlechte-Laune-Spirale einmal genau ansehen, werden Sie feststellen, dass der Ausgangspunkt bei beiden gleich ist: ein diffuses Nicht-gut-drauf-Sein. Das Ergebnis aber ist jeweils ein vollkommen anderes! Dies soll Ihnen noch einmal einen ganz zentralen Punkt aus dem Gute-Laune-Training verdeutlichen, nämlich, dass zu einem großen Teil Sie selbst Ihre Stimmung in der Hand haben!

Das Erforschen der Ursachen und Zusammenhänge ist der erste Schritt zur Lösung – diesem Ziel dient auch der Stimmungskiller-Test auf S. 36. Der zweite, noch wichtigere Schritt ist jedoch das erfolgreiche Gegensteuern. Was Sie selbst aktiv tun können, um Ihre Laune akut oder langfristig zu heben, erfahren Sie in den beiden folgenden Kapiteln.

Das Wichtigste auf einen Blick

❀ **Gute oder schlechte Laune** entsteht nicht von selbst, sondern sie hat stets einen Bezugspunkt; sie wird durch Reize von außen oder aus dem eigenen Inneren hervorgerufen und beeinflusst.

❀ **Häufiges Schlecht-drauf-Sein** setzt eine Reihe chemischer Prozesse im Gehirn sowie im Herz-Kreislauf- und Organsystem in Gang, die die Gesundheit beeinträchtigen und auch die Immunabwehr herabsetzen.

❀ Zu den stärksten **Schwarze-Wolken-Erzeugern** gehören Sorgen, Zweifel und Grübelei. Doch auch Angst, chronischer Ärger und Neidgefühle beeinträchtigen die Stimmungslage erheblich.

❀ Miese Stimmung wird auch häufig durch überzogene **Ansprüche und Erwartungen** an sich selbst verursacht.

❀ Letztlich kann schlechte Laune auch zur **Gewohnheit** werden, indem auf bestimmte Reize immer mit der gleichen negativen Reaktion geantwortet wird.

❀ **Seelische Verstimmungen** sind nicht mit Depressionen gleichzusetzen. Bei einer Depression ist es mit einem Gute-Laune-Training nicht getan, sondern sie bedarf der ärztlichen oder therapeutischen Behandlung.

❀ **Schlechte-Laune-Spiralen** lassen sich in Gute-Laune-Spiralen verwandeln, indem Sie die im Folgenden vorgestellten Methoden gezielt einsetzen, um eine leichte Verstimmung früh auszubügeln, statt sie weiter eskalieren zu lassen.

❀ Am Anfang des **Gute-Laune-Trainings** steht, die eigene Reaktion auf Reize leichter wahrzunehmen und Zusammenhänge besser verstehen zu lernen – die Übungen folgen in Kapitel 2 und 3.

Stimmungskiller-Test

Natürlich ist jeder Mensch einzigartig und unverwechselbar, dies gilt es, sich auch bei jeder Art von Typologie stets zu vergegenwärtigen. Jedoch kann ein Test oft nicht erkannte Muster und Zusammenhänge bewusst machen und damit zu einem besseren Verständnis von sich selbst und anderen führen.

In diesem Test soll es nun darum gehen, Ihren persönlichen Hauptauslösern für schlechte Laune auf die Spur zu kommen. In der Auswertung erfahren Sie dann, welche der im Buch genannten Abschnitte für Sie besonders hilfreich sind – obwohl Sie natürlich auch die anderen lesen dürfen und sollen! ;-)

Lesen Sie sich die folgenden Aussagen in Ruhe durch und notieren Sie in den jeweils danebenstehenden Kästchen anhand einer Skala von 0 bis 3, inwieweit die jeweilige Aussage auf Sie zutrifft.

0 = stimmt überhaupt nicht

1 = stimmt etwas

2 = stimmt größtenteils

3 = stimmt voll und ganz

Diese Zahlen sind gleichzeitig die Punkte, die Sie bitte am Ende der jeweiligen Aussagengruppe zusammenzählen. Was diese Punktzahl zu bedeuten hat, können Sie in der Auswertung auf Seite 40 nachlesen.

Aussagen

Gruppe A

Ich sehe an mir mehr Schwächen als positive Seiten. — *0*

Ich tue mich schwer mit Menschen, die sorglos in den Tag hineinleben und sich nicht um die Meinung anderer kümmern. — *1*

Ich ärgere mich häufig über mich selbst. — *3*

Wenn mir etwas misslingt, mache ich mir noch lange hinterher deswegen Vorwürfe. — *2*

Ich bin häufig mit meinem Aussehen unzufrieden und ärgere mich dann darüber, dass ich daran nur wenig ändern kann. — *3*

Wenn etwas meinen Vorstellungen zuwiderläuft, beschäftigt mich das noch lange Zeit hinterher. — *1*

Man sagt mir nach, dass ich überall ein Haar in der Suppe finde und andere oft kritisiere. — *1*

Ich halte meine guten Leistungen und meine Erfolge für selbstverständlich und nicht der Rede wert. — *1*

Ich werde schnell ungeduldig, wenn Menschen nicht gleich zur Sache kommen. — *3*

Wenn ich eine Aufgabe nicht gründlich erledigen kann, fange ich gar nicht erst an. — *2*

Summe Punkte Gruppe A — *17*

Stimmungskiller-Test

Gruppe B

Ich vergleiche mich häufig mit anderen.	2
Ich rede oft über Krankheiten.	1
Ich denke oft an die Vergangenheit und vergleiche sie mit der Gegenwart – um dann festzustellen, dass früher alles besser war.	0
»Man kann sich nicht ändern. Man ist, wie man ist.« – Das ist auch meine Meinung.	0
Wenn ich unglücklich bin, grüble ich lange über die Ursachen dafür nach.	2
Ich mache mir viele Sorgen darüber, was in der Zukunft alles passieren kann.	2
Wenn ich eine glücklichere Kindheit gehabt hätte, ginge es mir heute besser.	0
Ich bin eher selten mit dem zufrieden, was ich habe.	1
Ich finde häufig Gründe dafür, warum etwas nicht möglich ist.	1
Wenn mich jemand gekränkt hat, fällt es mir schwer, ihm zu verzeihen.	3
Summe Punkte Gruppe B	12

Gruppe C

Das, was andere von mir denken, ist sehr wichtig für mich.	1
Ich kann anderen nur schwer etwas abschlagen.	0
Ich denke, wer mich kritisiert, hat die Absicht, mich kleinzumachen.	3
Ich fühle mich oft von anderen angegriffen.	1
Ich fühle mich häufig hilflos.	0

Andere können meine Gefühle leicht verletzen.

Ich fühle mich häufig durch andere verärgert oder enttäuscht.

Wenn ein anderer mich kritisiert, meine ich, dass diese Person mich nicht mag.

Ich habe den Eindruck, mir (zu) viel von anderen gefallen zu lassen.

Ich lasse mir durch die schlechte Laune anderer meine gute Laune verderben.

Summe Punkte Gruppe C

Gruppe D

Ich komme morgens schlecht aus dem Bett und brauche lange, bis der Energiemotor überhaupt anspringt.

Ich sitze im Alltag zumeist und bewege mich wenig.

Ich blicke oft zu Boden.

Es fällt mir schwer, wirklich völlig abzuschalten.

Ich bekomme eher selten genügend Schlaf.

Ich fühle mich oft schlapp und ausgelaugt.

Mein Leben ist so voller Arbeit und Hektik, dass keine Zeit für Pausen bleibt.

Längere Zeit an der frischen Luft bin ich eigentlich nur im Urlaub.

Burger, Pizza, Würstchen und Süßigkeiten sind häufig Bestandteil meiner täglichen Ernährung.

Feierabend haben heißt für mich automatisch: Fernseher an.

Summe Punkte Gruppe D

Auswertung

Schauen Sie bitte nach, wie hoch Ihre Gesamtpunktzahl in den jeweiligen Aussagegruppen ist.

Stimmungskiller: Der hohe Anspruch

Summe Punkte Gruppe A:

Beträgt Ihre Gesamtpunktzahl hier mehr als 20, dann neigen Sie dazu, strenge Maßstäbe an sich selbst und auch an andere anzulegen. Wenn alles klappt wie am Schnürchen, haben Sie mit schlechter Laune nur wenig am Hut. Wehe aber, wenn Sand ins Getriebe kommt, wenn Sie Ihre eigenen Erwartungen nicht erfüllen oder andere die Dinge nicht so erledigen, wie Sie es sich gedacht haben … dann sind Stress und Ärger angesagt. Um lockerer zu werden und stabilere Hochs zu erzeugen, sind vor allem die folgenden Kapitel für Sie relevant:

- »Gutes Klima schaffen: Wie Sie Überzeugungen ändern« (siehe S. 83 ff.)
- »Die Kunst des Loslassens oder ›Love it, change it or leave it‹« (siehe S. 99 ff.)

Stimmungskiller: Die schlechte Meinung von sich selbst

Summe Punkte Gruppe B:

Beträgt Ihre Gesamtpunktzahl hier mehr als 20, dann erscheint es Ihnen wahrscheinlich als ganz »normal«, eine geringe Meinung von sich zu haben, häufig »zurückzustecken«, der Vergangenheit nachzutrauern und sich viele Sorgen um die Zukunft zu machen. Dies schickt die gute Laune natürlich postwendend in den Keller.

Um die innere Stimmungslandschaft aufzulockern, Gewesenes loszulassen und Zuversicht zu entwickeln, sind diese Kapitel für Sie interessant:

- »Wie Sie einer Sache ganz verschiedene Seiten abgewinnen können« (siehe S. 57 ff.)
- »Der optimistische innere Dialog« (siehe S. 87 f.)
- »Die eigene Wertschätzung strahlt aus« (siehe S. 88 f.)

Stimmungskiller:
Andere zum Maß aller Dinge machen

Summe Punkte Gruppe C:

Beträgt Ihre Gesamtpunktzahl hier mehr als 20, dann neigen Sie dazu, sich vorrangig an anderen zu orientieren und äußere Einflüsse letztlich auch für Ihr Wohl- oder »Übel«-Befinden verantwortlich zu machen. Hier helfen vor allem die Kapitel weiter, die Selbstverantwortung und die Entwicklung von Selbstvertrauen und Gelassenheit zum Thema haben:

- »Der Gedankenstopp bändigt Groll, Gram und Grübelei« (siehe S. 61 ff.)
- »Schach dem Vergleichsstress: leben und leben lassen« (siehe S. 91 ff.)
- »Die Kunst des Loslassens oder ›Love it, change it or leave it‹« (siehe S. 99 ff.)
- »Reinigende Gewitter: Dampf ablassen – aber ohne Wirbelsturm!« (siehe S. 102 ff.)

Stimmungskiller:
Schlecht für das Wohlbefinden sorgen

Summe Punkte Gruppe D:

Beträgt Ihre Gesamtpunktzahl hier mehr als 20, dann leben Sie wahrscheinlich recht ungesund, und dies kann auf Dauer ganz schön auf die Stimmung drücken, weil das Energiebarometer im Sinken begriffen ist, von Herz-Kreislauf-Erkrankungen, die sich durch zu wenig Bewegung und zu viel Zucker und Fett in der Ernährung einnisten können, ganz zu schweigen. Anregungen, um hier etwas zu ändern, finden Sie vor allem in den Kapiteln:

- »Atmen, singen, bewegen – bis die Sonne lacht!« (siehe S. 47 ff.)
- »Mood Food: Nicht nur Schokolade macht glücklich« (siehe S. 65 ff.)
- »Mit allen Sinnen genießen« (siehe S. 70 ff.)

Mit Blitzstrategien zu sonniger Laune

Was Sie in diesem Kapitel erwartet

Dieser Buchabschnitt zeigt, wie Sie mit einfachen und gut handhabbaren Mitteln Ihre Stimmung sonniger gestalten können. Einfaches »So-tun-als-Ob«, um schlechte Laune zu kaschieren, ist als Blitzstrategie zwar durchaus akzeptabel, doch zur Dauerlösung taugt es nicht. Manchmal kann es sogar gut sein, die schlechte Laune einfach zuzulassen. Mit dem Zusammenspiel von Atem und Bewegung können Sie für Ihre gute Laune im Alltag schon Erstaunliches bewirken. Sie erfahren auch etwas über den Zusammenhang zwischen innerer und äußerer Haltung und sehen, wie sich mit Umgebungs- und Blickwechseln Abstand gewinnen lässt. Eine wunderbare Methode, um mit Ärger fertig zu werden, ist die Gedankenstopp-Technik, die Sie ebenfalls kennenlernen werden. Ein kleiner Ausflug in die Welt der Wellness zeigt Ihnen die vielfachen Möglichkeiten, mit Wohltaten für den Körper inneren Sonnenschein zu erzeugen. Last but not least wird es um die Voraussetzungen für einen erholsamen Schlaf gehen.

Warum dauerhaftes Nettsein wider Willen gefährlich sein kann

Wer in seinem Job oft Gefühle unterdrücken und beispielsweise auch übellaunige, aggressive oder mäkelige Kunden anstrahlen muss, schadet damit seiner Gesundheit, hat aber manchmal keine andere Wahl, da gute Laune und endlose Geduld vor allem in Dienstleistungsberufen quasi Bestandteil der Berufsuniform sind – gerade FlugbegleiterInnen oder MitarbeiterInnen in einem Service-Callcenter können davon ein Lied singen. Bloßes »So-tun-als-Ob« kann vorübergehend natürlich sehr effektiv sein, etwa wenn man kurz vor einem Vertragsabschluss steht, doch es ist kein Weg, um dauerhaft selbst in gute Stimmung zu kommen – im Gegenteil.

Wie Wissenschaftler herausgefunden haben, strengt es enorm an, zu lächeln, wenn einem nicht danach zumute ist. Das führt zu Erschöpfung und Überforderungsgefühlen, bis hin zum Burn-out, bedeutet also Stress für Körper, Geist und Seele. Fachleute sprechen hier von »Surface Acting«: Man lächelt, tut so, als ginge es einem gut, überdeckt aber damit negative Gefühle. Der Nachteil ist, dass man sich so selbst ständig einer emotionalen Dissonanz aussetzt. Auch kann dieses »Vorspielen« in langen, schwierigen Gesprächen leicht schiefgehen: Das Gegenüber entlarvt die maskenhafte Freundlichkeit, so dass die Situation dann erst recht unangenehm wird.

Geben Sie schlechter Laune bewusst Raum in Ihrem Leben

Gerade wenn Sie im Beruf gefordert sind, ständig zu lächeln und Gut-drauf-Sein zu mimen, kann es auch mal helfen, sich nicht auch noch für den Rest des Tages um ein strahlendes Gesicht zu bemühen, sondern sich der miesen Stimmung ganz bewusst hinzugeben, und zwar so, dass Sie Ihr inneres Tiefdruckgebiet schon fast genießen können – ohne schädliche Nebenwirkungen.

Lösen Sie sich zunächst einmal von dem Gedanken, Sie müssten stets ein Lächeln auf den Lippen herumtragen, und konstatieren Sie: »Okay, ich habe jetzt miese Laune.« Einfach so, als Feststellung, ohne Entschuldigung, Begründung, Relativierung usw. – aber auch ohne zu dramatisieren. Stehen Sie zu Ihrer Laune! Der Satz »Du hast wohl schlechte Laune, was?« kann einen, wenn man ohnehin schon missmutig aus der Wäsche schaut,

Lassen Sie Ihr Umfeld, also Partner, Familie und Arbeitskollegen, wissen, dass Sie nicht so gut drauf sind.

richtig auf die Palme bringen. Informieren Sie lieber gleich von sich aus darüber, »dass das heute einfach nicht Ihr Tag ist«, und bitten Sie darum, in Ruhe gelassen zu werden. Sicherlich gibt es einige wenige, die damit nicht umgehen können, bei den meisten werden Sie damit jedoch aller Wahrscheinlichkeit nach auf Verständnis stoßen.

Und jetzt können Sie sich überlegen,

- ob Sie diese Stimmung annehmen und ausleben oder
- ob Sie sie verändern wollen.

Sich selbst bewusst zu entscheiden, ob man für eine Zeitlang muffelig bleiben will oder nicht, ist etwas anderes, als vor schlechter Laune zu kapitulieren. Sie kommt zwar oft ungefragt daher, aber Sie sind ihr nicht einfach ausgeliefert. Es liegt bei Ihnen, ob Sie diese Stimmung ausleben oder sie ändern wollen! Beides kann je nach Situation sinnvoll sein, es gibt hier kein Richtig oder Falsch.

ÜBUNG:

Schlechte Laune aufschreiben

Diese Übung dient dazu, sich klar darüber zu werden, was genau Ihnen gerade die Stimmung verhagelt. Gefühle von Zorn, Furcht oder Mutlosigkeit auf das Papier zu bannen, macht den Kopf frei dafür, über lösungsorientierte Veränderungen nachzudenken.

Alles, was Sie hierfür brauchen, sind ein Blatt Papier und ein Stift sowie ein Ort, an dem Sie für einige Zeit ungestört sind.
Schreiben Sie nun zehn Minuten lang einfach hintereinander weg auf, was Sie wurmt und drückt, ohne sich über Schreibweise oder Stil Gedanken zu machen. Wichtig ist, dass Sie flüssig schreiben, ohne zu unterbrechen.
Stellen Sie sich vor, Ihre schlechte Laune sei eine Wolke, die sich nun konstant ausregnet.
Wenn Ihnen gerade kein neuer Gedanke kommt, schreiben Sie, dass Ihnen nichts einfällt.
Hören Sie dabei vielleicht auch Musik, durch die Sie gut in Kontakt mit Ihren Gefühlen kommen.

Lesen Sie anschließend durch, was Sie geschrieben haben, vielleicht sind Dinge dabei, die immer wieder Gefühle von Unzufriedenheit, Ärger, Überdruss auslösen, typische »Baustellen« – dies sind Kandidaten für Veränderungen.

Überraschenderweise ist es oft entlastend, schlechte Stimmungen bewusst zuzulassen. Am besten, Sie sorgen dann dafür, eine Zeit lang allein sein zu können. Schwelgen Sie in aller Ruhe in Ihrem Nebelgebiet oder Ihren Gewitterwolken, lassen Sie restlos alle Gedanken zu, die Ihnen dazu einfallen. Wenn nichts Größeres dahintersteckt, werden sich die dunklen Wolken vielleicht schon allein dadurch langsam, aber sicher wieder verflüchtigen.

Vielleicht möchten Sie auch mit einem Freund über Ihre Stimmung sprechen? Es sollte jemand sein, der schlechte Laune gut aushält und nicht zum Beschwichtigen neigt, sondern einfach nur da ist und zuhören kann, ohne kluge Ratschläge zu geben.

Überlegen Sie sich noch mehr dazu, was sich gut für Sie eignen könnte, Ihre schlechte Laune auszuleben – natürlich stets, ohne anderen damit zu schaden. Egal, ob Sie vor sich hinschimpfen, ein Taschentuch vollweinen oder einen Punchingball traktieren – wenn es Sie entlastet, ist es ein gutes Ventil.

Hat schlechte Laune eigentlich auch gute Seiten?

Die erfreuliche Antwort lautet: ja. Zum einen ist es ein Zeichen emotionaler Gesundheit, alle Stimmungslagen zu leben und zu erleben. Zum anderen kann schlechte Laune Impulse geben, eine Situation so zu verändern, dass der innere Horizont aufklaren kann. Darüber hinaus lenkt sie die Aufmerksamkeit nach innen und führt dazu, sich tiefergehende Fragen zu stellen: Gibt es einen konkreten Grund für das Stimmungstief, etwas, das Sie schon länger beschäftigt, oder sind Sie vielleicht generell mit Ihren jetzigen Lebensumständen unzufrieden? Wollen Sie etwas ändern und können es nicht – oder sollten Sie etwas ändern und wollen es nicht?

Zum Problem wird schlechte Laune erst, wenn man leicht oder aus nichtigsten Anlässen heraus in eine schlechte Stimmung hineinsteuert oder wenn man lange im Negativen festhängt und der Welt dann vorwiegend mit dieser schwarzen Brille auf der Nase begegnet.

Atmen, singen, bewegen – bis die Sonne lacht!

Atmen ist mehr als reine Sauerstoffzufuhr, es ist Ausdruck unserer körperlichen und seelischen Verfassung. Jeder Mensch atmet so, wie er lebt und wie er sich selbst versteht. Das geschieht normalerweise völlig unbewusst. Der Atem wird, ebenso wie Puls, Blutdruck oder Muskeltonus, über das vegetative Nervensystem gesteuert – gleichzeitig ist er aber eine der wenigen Körperfunktionen, die willkürlich beeinflusst werden können. Er reagiert wie ein Seismograph sofort auf Veränderungen wie Hitze oder Kälte, auf alles, was man an Angenehmem oder Unangenehmem sieht, hört, spürt, schmeckt oder riecht. So atmen wir schnell, wenn wir erregt sind, und tief und langsam, wenn wir etwas genießen. Bei innerer Anspannung wird der Atem automatisch flach und stockend. Man spürt ihn, wenn überhaupt, dann nur noch im oberen Brustbereich.

Schlechte Laune nimmt den Atem

Wer häufig mies gelaunt ist, nimmt sich buchstäblich selbst die Luft zum Atmen. Bostoner Forscher untersuchten in einer Studie an 670 älteren Männern die Folgen dauerhafter Griesgrämigkeit. Anhand einer Punkteskala wurde nach den täglichen Angaben der Probanden ihr Grad an mieser Laune bestimmt und parallel dazu die Lungenfunktion dokumentiert.
Schon zu Beginn zeigte sich, dass Griesgrämige schlechtere Lungenfunktionswerte aufwiesen als ihre gut gelaunten Kollegen. Im weiteren Verlauf verringerten sich die Lungenfunktionswerte der Übellaunigen rascher als die der positiv Gestimmten. Jeder Punkt, um den die schlechte Laune zunahm, zog einen Verlust des Lungenvolumens um ungefähr neun Milliliter pro Jahr nach sich.

ÜBUNG:
Wahrnehmen des Atems

Durch diese einfache Atemübung schaffen Sie Abstand zu dem, was Sie gerade irritiert oder Ihnen die Laune verdorben hat.

1. Setzen Sie sich aufrecht hin, und konzentrieren Sie sich in den nächsten fünf Minuten nur auf Ihren Atem.

2. Atmen Sie durch die Nase ein und aus, und nehmen Sie die Atemzüge einfach wahr, ohne etwas daran ändern zu wollen. Ein … aus … ein … aus … Einfach nur beobachten. Sie können den Atem hören, wie er durch die Nase ein- und ausströmt, und können das Strömen der Luft über die Atemwege fühlen. Nach einiger Zeit werden Sie wahrscheinlich feststellen, dass die Atmung ganz von selbst langsamer und tiefer wird.

3. Bleiben Sie auf Ihre Atmung konzentriert. Aufkommende andere Gedanken vertagen Sie einfach auf die Zeit nach der Übung.

4. Nach fünf Minuten beenden Sie die Übung und widmen sich wieder Ihrer vorherigen Tätigkeit.

VARIANTE:

Konzentrieren Sie sich beim Atmen vor allem auf die Ausatmung, indem Sie langsam »»aaaauuussss« sagen und das »ssss« in einem langgezogenen Zischlaut verebben lassen. Dieses »ssss« bewirkt, dass die Lungen sich noch effektiver von verbrauchter Luft entleeren. Machen Sie eine kleine Pause, bevor Sie wieder einatmen.

Dadurch gelangt natürlich entsprechend wenig Sauerstoff in den Körper, und man fühlt sich zunehmend lustlos, müde und schwer. Was die innere Befindlichkeit weiter verfinstert.

Denken Sie einmal intensiv an jemanden oder etwas, über das Sie sich geärgert haben, und achten Sie dabei auf Ihre Atmung. Dann konzentrieren Sie sich auf etwas, das Sie besonders genießen, und erleben es nach. Sie werden merken, dass sich Atemrhythmus und Tiefe der Atemzüge sofort verändern.

Da sich die Atmung bewusst von Ihnen lenken lässt und Sie auch keinerlei Hilfsmittel brauchen, um sie im Alltag einzusetzen, eignet sie sich gut als Blitzstrategie für das Gute-Laune-Training. Wenn Sie also wieder mal anfangen, trüben Gedanken nachzuhängen, oder wenn Sie sich über etwas geärgert haben, nehmen Sie bewusst einige tiefe Atemzüge oder machen Sie – noch besser – die nebenstehende Übung. Das bringt frischen Wind in den Körper, denn die intensive Atmung verbessert Zellstoffwechsel, Durchblutung, Immunabwehr und Verdauung und wirkt direkt auf die Stimmung. Kann der Atem frei fließen, bewegt sich der Zeiger Ihres Gute-Laune-Barometers fast automatisch nach oben, und Sie empfinden Erleichterung.

Singen lohnt sich doppelt

Was Sie ebenfalls hervorragend im Gute-Laune-Training nutzen können, ist Singen. Dabei wird das Belohnungssystem in der Stirn-region aktiviert und im Gehirn wird Oxytocin ausgeschüttet – ein Hormon, das unter anderem Gedächtnisprozesse und das Gefühl der Verbundenheit mit anderen beeinflusst. Schon der Volksmund weiß: »Wo man singt, da lass dich ruhig nieder …«

Singen – ein echter Stresskiller

Musikpädagogen der Universität Frankfurt fanden heraus, dass Singen eine positive Wirkung auf verschiedene Körperfunktionen hat: Anhand von Speichelproben von Chorsängern vor und nach der Probe bestimmten die Forscher die Konzentration des Stresshormons Cortisol. Dabei wurde deutlich, dass Singen den Stresshormonspiegel deutlich sinken lässt. Die persönliche Einschätzung der Sänger deckte sich mit diesem Ergebnis. Sie berichteten, dass sie sich nach der Chorprobe grundsätzlich ent-spannter und gelöster fühlen als vorher.

Singen senkt übrigens nicht nur den Spiegel des Stresshormons Cortisol, sondern auch den von Testosteron, das ebenfalls mitverantwortlich ist für Stress. All diese Prozesse geschehen sehr schnell. Sie werden die Wirkung schon nach fünf bis zehn Minuten verspüren. Dabei ist es völlig gleich, was Sie singen – ob Popsongs, Schlager oder Klassik –, singen Sie einfach, was Ihnen in den Sinn kommt.

Singen Sie, wann immer sich die Gelegenheit dazu bietet – egal, ob allein oder zusammen mit anderen.

Und wenn Sie gerade den Text nicht parat haben, genügt auch ein schlichtes »Lalala« oder ein Summen. Hauptsache, Sie singen, wann immer sich Ihnen die Gelegenheit bietet. Eine gute Möglichkeit ist auch Mitsingen – mit dem Radio oder einer CD. Wer ganz mutig ist, kann sich an Karaoke versuchen – zusammen mit einer Gruppe von Freunden hat nach einem langen Arbeitstag die schlechte Laune dann garantiert keine Chance mehr.

Bewegen Sie sich!

Pause machen und sich bewegen fühlt sich nicht nur gut an, sondern lässt Sie danach mit mehr Energie, effizienter und kreativer weiterarbeiten. Bewegt sich der Körper, bewegt sich auch die Psyche, und die Gedanken verändern sich – Sie werden lockerer und können sich leichter von einer schlechten Stimmung lösen. Außerdem aktiviert Bewegung die Ausschüttung körpereigener »Gute Laune«-Hormone.

Dabei muss es nicht immer gleich Sport sein – Bewegung jeglicher Art macht fröhlicher. Schon ein schlichtes »Schütteln« und Lockern der angespannten Muskeln – was sich auch schnell zwischen zwei Terminen, im Aufzug, beim Nachrichten-Schauen oder beim Hausputz einschieben lässt –, kann für mehr Wohlbefinden sorgen. Probieren Sie doch einfach mal die Übung auf der rechten Seite.

Eine andere wunderbare Bewegungsmöglichkeit ist Tanzen, denn es bringt neben dem Körpertraining gleich noch zwei weitere Gute-Laune-Faktoren ins Spiel: Musik und Geselligkeit. Beides wirkt fast wie Medizin, wie wissenschaftliche Studien zeigen.

Den Körper auflockern

Sie brauchen zum Auflockern nur ein paar Minuten. Je mehr Sie ganz bewusst bei der Sache sind, umso stärker können Sie von diesem einfachen Stimmungsaufheller profitieren. Wer schlecht gelaunt ist, ist oft auch verkrampft und manchmal regelrecht verbissen. Sie unterstützen die Wirkung dieser Übung, wenn Sie sie an der frischen Luft oder am offenen Fenster durchführen.

1 Lösen Sie zunächst Ihre Kaumuskeln und das Kiefergelenk. Tun Sie so, als würden Sie einen riesigen Kaugummi kauen, und machen Sie Mundbewegungen wie ein dicker Karpfen.

2 Gähnen Sie ausgiebig. Das bringt frischen Sauerstoff in Lungen und Kreislauf.

3 Dann strecken und räkeln Sie sich nach Herzenslust.

4 Schütteln Sie Ihre Arme aus, so als würden Sie alles, was Sie gerade nervt und stört, aus den Fingern herausschütteln.

5 Stehen Sie nun auf, und beginnen Sie, locker auf der Stelle zu hüpfen. Bei jedem Ausatmen geben Sie den Ton »Ho« von sich. Stellen Sie sich vor, dass Sie sich mit jedem »Ho« ein wenig mehr von Stress und nervenden Dingen befreien und immer lockerer werden.

6 Wenn Sie meinen, gut gelockert zu sein, stellen Sie sich entspannt hin und führen, während Sie einatmen, Ihre Arme ausgestreckt seitlich bis über den Kopf, so dass sie mit Rumpf und Beinen eine Linie bilden. Beim Ausatmen führen Sie die Arme über die Seiten zurück, bis sie rechts und links wieder am Körper herunterhängen. Beim Einatmen stellen Sie sich vor, dass Energie in Sie hineinströmt, beim Ausatmen malen Sie sich aus, wie alles, was noch an Missstimmung da ist, aus Ihnen herausströmt.

7 Wiederholen Sie diese Art des Ein- und Ausatmens einige Male, bevor Sie sich wieder Ihrer vorherigen Beschäftigung zuwenden.

Jogger schwärmen oft vom »Runner's High« – so nennt man den Zustand, wenn der Körper von Glückshormonen überschwemmt wird, die gleich die schlechte Laune mit fortreißen. Im Prinzip können alle Ausdauersportarten diesen Effekt haben – auch Spazierengehen, (Nordic) Walking oder Radfahren versprechen echte Hochgefühle. Sie regen darüber hinaus den Kreislauf an und machen den Kopf frei. Dabei genügt es schon, wenn Sie den inneren Schweinehund zwei- bis dreimal pro Woche eine halbe Stunde bezwingen können.

Der schlechten Laune davonlaufen, davontanzen, davonschwimmen ...

US-Forscher haben entdeckt, warum ausdauernde Bewegung gegen miese Stimmung hilft: Als Reaktion auf körperliche Aktivität steigert das Gehirn die Produktion von sogenannten VGF-Proteinen, die als natürliches Antidepressivum die Stimmung heben. Im Gehirn gehört die Herstellung der VGF-Proteine zu einer Reaktionskette, an deren Ende ein optimierter Stoffwechsel und eine größere Flexibilität der Nervenzellen stehen. Kann Bewegung damit mit der Wirksamkeit von Medikamenten konkurrieren?
Der amerikanische Psychologe Prof. James Blumenthal machte die Probe aufs Exempel. Er teilte 156 ältere Patienten, die unter einer ausgeprägten Depression litten, per Losverfahren in drei Gruppen ein: erste Gruppe – Ausdauertraining, zweite Gruppe – Antidepressiva, dritte Gruppe – Ausdauertraining plus Antidepressiva. Das Training fand an drei Tagen in der Woche für jeweils eine halbe Stunde statt. Nach 16 Wochen hatte sich die Stimmungslage aller Gruppenmitglieder deutlich aufgehellt: Über 60 Prozent der Teilnehmer waren nicht mehr depressiv – das rein körperliche Training zeigte sich dabei als nahezu ebenso wirksam wie die medikamentöse Behandlung oder die Kombination aus Tabletten und Training.

Und wie halten Sie's mit der Haltung?

Wie eng seelische Befindlichkeit und Atmung zusammenhängen, haben wir ja bereits gesehen. Doch auch Ihre Körperhaltung sowie Gestik und Mimik, also die Art und Weise, wie Sie sitzen, stehen und gehen, ob Sie z.B. den Kopf hoch tragen oder ihn buchstäblich hängen lassen, ob Sie die Lippen aufeinanderpressen oder ganz fahrig mit den Händen spielen, verrät eine ganze Menge über Ihre Stimmung. So sehen Sie Niedergeschlagenheit oder Verärgerung einem Menschen in der Regel genauso an, wie Sie auch erkennen, ob jemand gut gelaunt durchs Leben geht. Wer traurig und niedergedrückt ist, bewegt sich beispielsweise langsamer als jemand in gehobener Stimmung. Freude hingegen verleiht dem Körper Spannkraft, sie macht vitaler und lebendiger – denken Sie z.B. einmal daran, wie Kinder hopsen, wenn sie an etwas Spaß haben.

Gute Haltung = gute Laune

Die Einflussnahme funktioniert jedoch auch umgekehrt: So können Ihre Körperhaltung sowie Ihre Mimik und Gestik mitbestimmen, wie Sie sich fühlen. Das Wissen darum, dass Ihr Körper und Ihre Stimmung in einer Wechselwirkung stehen, können Sie wunderbar für Ihr Gute-Laune-Training nutzen, nämlich indem Sie zunächst einmal Ihre Körperhaltung ganz bewusst verändern. Dabei geht es nicht darum, dass Sie sich anders geben sollen, als Sie sind, sondern darum, zu spüren, welchen Einfluss Ihre Körperhaltung auf Ihre Gefühle hat. Wer schlaff und lustlos auf seinem Stuhl hängt, wird sich schwer damit tun, düstere Sorgenwolken zu vertreiben, geschweige denn die Energie aufbringen, anstehende Aufgaben beherzt anzupacken. Wenn Sie jedoch lernen, Ihre Körperhaltung zu verändern, gewinnen Sie mehr Kraft und können so auch Ihre Laune erheblich verbessern. Die folgende Übung hilft Ihnen dabei, den Zusammenhang zwischen Haltung und Stimmung einmal ganz praktisch »am eigenen Leib« zu erfahren.

In drei Schritten zur passenden Haltung

Sorgen Sie dafür, dass Sie etwa zehn Minuten ungestört sind. Stellen Sie sich so vor einen Spiegel, dass Sie Ihren ganzen Körper darin betrachten können.

1 Schließen Sie Ihre Augen, und nehmen Sie eine niedergedrückte Körperhaltung ein. Denken Sie dabei so etwas wie: »Ich schaff das nicht. Mir ist alles zu viel. Niemandem liegt etwas an mir.« Beobachten Sie Ihre Empfindungen, während Sie dies denken. Öffnen Sie die Augen, betrachten Sie kurz Körper und Gesicht im Spiegel, und mutmaßen Sie, welche Ausstrahlung Sie in diesem Moment wohl auf andere Menschen haben.

2 Schließen Sie die Augen wieder. Verändern Sie nun zunächst Ihre Gedanken, ohne aber Ihre Körperhaltung zu verändern. Denken Sie so etwas wie: »Ich krieg das hin. Mir geht es gut. Ich hab was beizutragen. Andere sind gerne mit mir zusammen.«
Können Sie spüren, dass Ihre Gedanken und Ihre Körperhaltung nun nicht mehr zusammenpassen? Wie fühlt sich das an?

3 Nehmen Sie nun eine Körperhaltung ein, die wirklich ausdrückt, dass Sie wertvoll, gut gelaunt und erfolgreich sind. Fühlen Sie in Ihren Körper hinein, und stellen Sie sich genauso hin, wie es Ihrer Ansicht nach ein Mensch in dieser Stimmung tun würde. Suchen Sie in Ihrer Erinnerung nach einem sehr positiven Erlebnis und stellen Sie es sich möglichst lebendig vor. Wie haben Sie sich gefühlt, wie waren Mimik, Gestik und Körperhaltung? Ahmen Sie all das nach.
Experimentieren Sie so lange mit Ihrer Körperhaltung, bis Sie den Eindruck haben, dass sie mit Ihren Gedanken übereinstimmt. Öffnen Sie nun wieder die Augen, und betrachten Sie sich im Spiegel. Wie sieht es aus und wie fühlt es sich an?

Finden Sie die Haltung, in der Sie sich am wohlsten und am »überzeugendsten« fühlen – und nehmen Sie diese so oft wie möglich in Ihrem normalen Alltag ein!

Lächeln macht froh

Eigentlich eine Binsenweisheit: Gut gelaunte Menschen lächeln häufiger, zeigen also ihre Stimmung nicht nur in der »groben« Körperhaltung, sondern auch in der »feinen« Haltung, sprich: der Mimik. Aber was passiert eigentlich im Gehirn, wenn Sie lächeln? Sie nehmen zuerst einen auditiven oder visuellen Reiz auf, der über die entsprechenden Nervenstränge an das Gehirn weitergeleitet wird. Dort ordnen Sie das Gesehene oder Gehörte blitzschnell ein und bewerten es als angenehm oder unangenehm, als ernst oder lustig usw. Bei »angenehm« bzw. »lustig« sendet das Gehirn entsprechende Botenstoffe aus und gibt das Signal zum Lächeln.

Auch das lässt sich umkehren. Lächeln Sie sich vor einem Spiegel einmal etwa eine Minute lang zu, und achten Sie darauf, dass auch Ihre Augen lächeln, dass sich also Lachfältchen um Ihre Augen bilden. Durch diese Mimik des Lächelns werden bestimmte Nervenverbindungen angesprochen, die wiederum an das Gehirn rückmelden, dass gelächelt wird … und das Gehirn sendet daraufhin die entsprechenden Gute-Laune-Botenstoffe aus. Das Ergebnis ist beide Male dasselbe: Ihre Stimmung verbessert sich spürbar innerhalb von nur einer Minute! Dieser Effekt ist von Forschern durch entsprechende Experimente bestätigt worden.

Orts- und Blickwechsel können Wunder wirken

Wenn Sie merken, dass die Gedankenwolken sich immer heftiger in Ihnen zusammenballen oder Ihre Problemlösefähigkeit sich mehr und mehr hinter einer Nebelwand zu verbergen scheint, hilft nur eines: Unterbrechen Sie! Machen Sie eine Pause, und beschäftigen Sie sich kurzzeitig mit etwas anderem, das vorzugsweise überhaupt nichts mit Denken zu tun hat.

Kurzfristiger Ortswechsel heißt z. B. am Arbeitsplatz: rausgehen, ein paar Schritte tun, im Flur ein paar Mal auf und ab oder einmal um den Block gehen, sich beispielsweise im Waschraum freundlich im Spiegel zulächeln (siehe vorangegangene Seite), sich ein paar aufmunternde Worte sagen. Oder Sie öffnen das Fenster, lassen frische Luft herein, nehmen einige tiefe Atemzüge oder schauen einfach nur hinaus auf die Straße, betrachten die Häuser, denn Himmel, die Bäume, alles, was sich rundum so tut…

Zu Hause haben Sie natürlich noch weitaus mehr Möglichkeiten, Abstand zu schaffen, als am Arbeitsplatz. Sie können sich z. B. eine Viertelstunde zu entspannender Musik in einen bequemen Sessel setzen und einfach nur zuhören, ein Gespräch mit Ihrem Partner oder einer guten Freundin führen, ein Bad nehmen oder im Garten werkeln. Oft hilft es auch, mit Freunden zusammen etwas zu unternehmen, essen zu gehen oder einen Film anzuschauen und sich erst dann wieder dem zu lösenden Problem zu widmen. Probieren Sie einfach unterschiedliche Strategien aus, und schauen Sie, was Ihnen guttut.

Ein Ortswechsel – selbst wenn er nur kurze Zeit dauert – sorgt dafür, dass Sie in Schwung kommen.

Abstand gewinnen hat mehrere Vorteile:

- Sie erfahren eine momentane Entlastung, weil Sie sich nicht mehr auf das Belastende, Problematische konzentrieren.
- Durch Bewegung kommt Ihr Kreislauf wieder in Fahrt.
- Die Beschäftigung mit etwas anderem hilft, den Überblick wieder zu gewinnen und neue Aspekte zu entdecken.

Wie gut man mit den Anforderungen des Alltags zurechtkommt, ist eng mit der Fähigkeit verbunden, eine gesunde innere Distanz zu den jeweiligen Aufgaben zu halten, statt sich vom Druck und der Hektik des Arbeitstags auffressen zu lassen.

Doch Vorsicht! Zu häufiges »Abstand-Gewinnen« wird schnell zum Aufschieben – und dies kann genau die gegenteilige Wirkung auf Ihre Stimmungslage haben.

Wie Sie einer Sache ganz verschiedene Seiten abgewinnen können

Das, was Ihre ganze Aufmerksamkeit beansprucht, beeinflusst auch Ihre Gefühle am intensivsten. Ob Sie gerade gedanklich im Wolkenmeer der Befürchtungen herumsurfen oder sich noch in die Tonwellen des tollen Konzerts vom Vorabend sinken lassen – stets werden Sie die entsprechenden Gefühle dazu mitaktivieren. Sie haben es in der Hand, Ihre Gedanken zu lenken, und damit haben Sie es auch in der Hand, wie Sie sich fühlen.

Den Blick wechseln kann man auf unterschiedliche Art und Weise – im Folgenden einige Beispiele hierfür:

Ändern Sie die **Betrachtungsweise**. Setzen Sie Problemen lösungsorientierte Gedanken entgegen, z. B.: »Wie könnte ich dies verändern?« oder »Was kann ich dieser Situation Gutes abgewinnen?«.

Betrachten Sie die Situation aus der **Zukunftsperspektive** heraus: Was bedeutet es für Sie in zwei, fünf oder zehn Jahren, dass dieser tollpatschige Kollege aus Versehen Kaffee über Ihre Präsentation geschüttet hat? Dass die Partnerin eine abfällige Bemerkung über Ihre Figur gemacht hat? Dass der Zug zu spät ist? Vieles, was einem aktuell im Magen liegt oder die Laune verdirbt, erscheint aus dieser langfristigen Perspektive heraus völlig unwichtig.

Ein Blick aus der Zukunftsperspektive heraus hilft dabei, momentan bestehende Probleme zu relativieren.

Ändern Sie die **Bilder im Kopfkino:** Wenn Sie dazu neigen, sich in Ihrer Fantasie in lebendigen Bildern auszumalen, was Schlimmes passieren könnte, dann schwächen Sie die Wirkung dieser Bilder ab, indem Sie sie nur noch verschwommen und ganz klein sehen – so als ob Sie ein altes, verwackeltes Foto in ausgebleichten, verwaschenen Farben anschauen würden. Das mag am Anfang noch nicht gleich klappen, doch mit der Zeit wird dieses bewusste »Anders-Sehen« Ihnen immer leichter fallen und auch dafür sorgen, dass Sie gar keine Lust mehr haben, sich chronisch in Befürchtungen zu ergehen.

Sorgen Sie für **Abwechslung:** Zu viel Routine schürt die Langeweile, und Langeweile lässt einen lähmenden Nebel auf Ihr Gemüt sinken. Bore-out als Gegenteil des Burn-outs ist eine garantiert stimmungstötende Mischung aus Desinteresse, Langeweile und Unterforderung. Suchen Sie nach ungewohnten, angenehmen Sinnesreizen, nach Erlebnissen und Herausforderungen, damit nicht ein Übermaß an Alltagsgewohnheiten Ihre Sinne mehr und mehr abstumpfen lässt. In vielen Bereichen kann man leicht mehr Sonnenschein in den Alltag bringen: Kaufen Sie sich einen Strauß Blumen, erfreuen Sie sich an den Farben und dem Duft, machen Sie einen ausgiebigen Waldspaziergang, atmen Sie dabei tief durch und genießen Sie die würzige Luft. Lernen Sie neue Menschen kennen, erproben Sie eine neue Sportart; vielleicht lernen Sie auch ein Musikinstrument oder lesen einfach ein anregendes Buch.

Räumen Sie auf! Reservieren Sie sich eine halbe Stunde Zeit und schaffen Sie Ordnung. Bringen Sie Liegengebliebenes wieder an seinen Platz zurück, trennen Sie sich von unnützem Krempel und entstapeln Sie Ablageflächen. Dies tut Ihnen in zweifacher Hinsicht gut: Es verschafft Ihnen das wohltuende Gefühl, etwas geleistet zu haben, und Sie sind dadurch gut in Schwung gekommen, nun andere anstehende Aufgaben anzupacken.

Beginnen Sie damit, auch **im Alltäglichen das Ungewöhnliche** zu sehen. Dafür müssen Sie zwischendurch immer wieder für einige Minuten aus dem Alltag aussteigen, um Momente zu schaffen, in denen sich die Sinne ganz auf die Gegenwart, auf das Wahrnehmen des Hier und Jetzt konzentrieren. Das hebt die Stimmung unmittelbar. 90 Prozent aller negativen Gedanken haben nämlich mit Zukunftsprojektionen oder Rückblicken in die Vergangenheit zu tun. Fokussieren Sie sich daher lieber einfach auf das, was Sie gerade tun. Single-Tasking statt Multi-Tasking. Schreiben Sie die nächste E-Mail mit Ihrer ungeteilten Aufmerksamkeit oder machen Sie den täglichen Geschirrabwasch mit voller Konzentration. Wenn Sie mit allen Sinnen bei dem sind, was Sie gerade tun, wird Ihre schlechte Laune in den Hintergrund treten.

Ersinnen Sie sich Gute-Laune-»Anker«. Jede Erfahrung, die Sie machen, wird stets zusammen mit den Sinnesreizen und den Gefühlen in dieser Situation zusammen gespeichert und in der Erinnerung verankert – und auch wieder »abgerufen«, sobald ein Element aus der Situation aktuell wiederauftaucht: Ein Song, der gerade im Radio läuft, erinnert an eine verflossene Beziehung, ein Kalenderbild an den Spanienurlaub vor ein paar Jahren usw. Diesen Reiz-Reaktions-Zusammenhang können Sie sich zunutze machen:

Entfernen Sie negative Anker aus Ihrer Umgebung: beispielsweise Stapel von Unterlagen, die »irgendwann« mal bearbeitet werden sollen und stetig ein Gefühl der Überforderung hervorrufen, oder auch kaputte Sachen, bei denen Sie, sobald Ihr Blick daraufällt, »ich sollte eigentlich …« denken und sofort in die Lustlosigkeit abdriften. Finden Sie Lösungen für solche »Anker«-Baustellen, damit Sie Ihnen nicht täglich aufs Neue die Stimmung vermiesen.

Reichern Sie Ihre Umgebung stattdessen mit Gute-Laune-Ankern an, mit Dingen, bei denen das Herz lacht, wenn der Blick darauf fällt – oder zumindest ein wenig lächelt …

ÜBUNG:

Gute Laune verankern

Denken Sie an eine Situation, in der Sie besonders gut gelaunt waren und den Eindruck hatten, alles ginge Ihnen leicht von der Hand.

Finden Sie einen Gegenstand, der Sie unmittelbar an diesen Tag, an diese Situation erinnert. Das kann ein Foto sein, eine Postkarte, ein kleiner Gegenstand, etwas, was Sie selbst malen, einfach etwas, was symbolisch für dieses Wohlgefühl steht – dies ist Ihr persönlicher kleiner Sonnenstrahl.

Finden Sie für das, was Sie gefunden haben, ein Plätzchen an Ihrem Arbeitsplatz, so dass Sie es gut im Blick haben.

Beim Betrachten werden Sie sich an Ihren Gute-Laune-Tag zurückerinnern – und dies wird wiederum sofort Ihre Laune heben.

Sie können sich natürlich gerne mit vielen solcher Gute-Laune-Ankern umgeben. Das müssen nicht nur Dinge zum Anschauen sein; gut geeignet sind auch Düfte, Musik oder Gegenstände, die Sie gerne berühren. Je stärker Ihr Gefühlspegel dabei in Richtung Sonne ausschlägt, umso besser.

Manchmal helfen ein paar grundsätzliche **positive Fragen**, aus einem akuten Tiefdruckgebiet herauszukommen und die Dinge wieder in einem helleren Licht zu sehen. Wenn der nächste Anfall Übellaunigkeit naht, stellen Sie sich daher einfach mal die folgenden Fragen: Woran denke ich normalerweise besonders gerne? Was läuft gerade alles »rund« in meinem Leben? Wen mag ich und von wem fühle ich mich gemocht? Mit welchen Kollegen, Freunden, Familienmitgliedern etc. bin ich gerne zusammen? Was fällt mir leicht und geht mir gut von der Hand? Was könnte mir gerade jetzt besonders guttun?

Wenn Sie sich die richtigen Fragen stellen, navigieren Sie sich aus einem Stimmungstief heraus.

Hierauf Antworten zu finden bringt Sie sicher zu ganz anderen Gedanken und Gefühlen als die Konzentration auf jene Dinge, die gerade nicht so gut laufen. Sie können diese Fragen als einen Wolkenschieber betrachten, der immer dann in Aktion tritt, wenn Sie schlecht drauf sind oder Ihnen alles trist und grau erscheint.

Bringen Sie frischen Wind in Ihre Gedanken, indem Sie das Pferd von hinten aufzäumen! Stellen Sie sich **paradoxe Fragen** wie beispielsweise: Was müsste ich tun, damit die aktuelle Misere noch viel schlimmer wird? Wie kann ich am effektivsten verhindern, wieder gut drauf zu sein? Wie schaffe ich es, jeden Tag unausstehlich zu sein, so dass alle einen Bogen um mich machen? Hier ist Ihr Einfallsreichtum gefragt!

Am besten notieren Sie sich auf einem großen Blatt Papier viele mögliche Wege, wie diese »Ziele« erreicht werden könnten. Wenn Sie eine schöne lange Liste an Strategien haben, dann drehen Sie jede einzelne davon in ihr Gegenteil um – und halten so eine persönliche Ideensammlung für gute Laune in der Hand.

Der Gedankenstopp bändigt Groll, Gram und Grübelei

Manche Gedanken drehen sich wie ein wirbelnder Wind immerzu im Kreis, frischen in Böen auf, ebben wieder ab, aber nur, um erneut an Intensität zuzulegen. Auslöser dafür sind oft Ängste, Ärger oder Verletztheitsgefühle. Wenn die mit diesen Gefühlen verbundenen negativen Gedanken sich verselbstständigen und sich dann in vielen Situationen fast schon automatisch einstellen, verfinstert dies Ihren Horizont gewaltig, Ihre Konzentrationsfähigkeit wird beeinträchtigt, und Sie haben weniger Energie. Bevor Sie sich also näher mit solchen Gedanken-Tornados beschäftigen, sollten Sie zunächst einmal kurz innehalten, bewusst tief atmen und sich dann – vor allem im Hinblick auf eine zeitnahe Lösung – fragen: Ist es möglich, hier und jetzt etwas zu tun, was dem Groll, dem Durchhänger oder den Befürchtungen wirksam begegnet? Ja? Dann tun Sie es. Nein? Dann ist es auch müßig, diese Gedanken weiter im Kopf herumzuschieben, denn: Was würde dadurch besser werden? Nichts. In diesem Fall ist ihnen mit einer einfachen Methode gut beizukommen, dem Gedankenstopp (siehe nächste Seite).

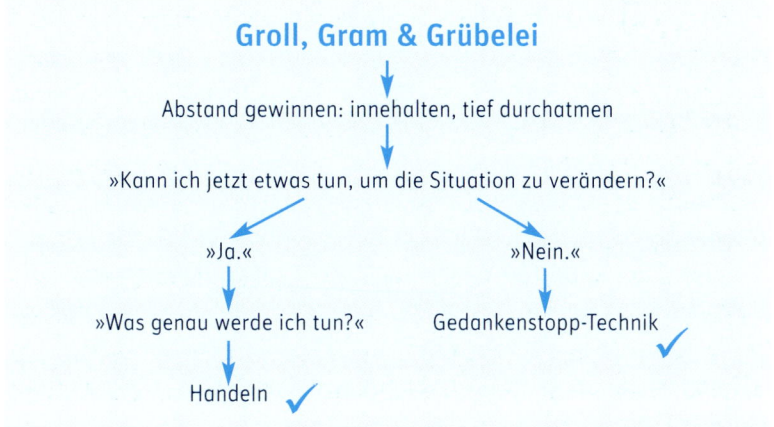

Groll, Gram & Grübelei

Abstand gewinnen: innehalten, tief durchatmen

»Kann ich jetzt etwas tun, um die Situation zu verändern?«

»Ja.«   »Nein.«

»Was genau werde ich tun?«   Gedankenstopp-Technik ✔

Handeln ✔

Die Gedankenstopp-Technik

Sobald Sie sich das nächste Mal beim Aufwärmen alten Grolls, beim Wiederkäuen aller möglichen Befürchtungen oder bei ängstlichen Gedanken ertappen, dann unterbrechen Sie diese Gedankengänge, sobald Sie sie bemerken.

1 Rufen Sie sich innerlich ein nachdrückliches »Stopp!« zu. Sofern Sie allein sind, können Sie auch in die Hände klatschen und laut »Stopp!« rufen.

2 Stellen Sie sich dabei in Gedanken das rot-weiße Stoppschild vor, wie Sie es aus dem Straßenverkehr kennen. Sie können sich zusätzlich auch das Bild eines kleinen Stopp-Verkehrszeichens irgendwohin an Ihren Arbeitsplatz, an Ihren Schreibtisch zu Hause oder nahe der Sitzecke im Wohnzimmer hängen – wo immer die Gefahr besonders besteht, dass Sie in ein negatives Gedankendickicht geraten. Auf dieses Schild schauen Sie dann genau in dem Moment, in dem Sie »Stopp!« zu sich sagen.

3 Lösen Sie dann sofort Schultern, Kiefer und Nacken, schütteln Sie sich vielleicht dabei ein wenig. Atmen Sie ein paarmal tief durch, und nehmen Sie eine aufrechte Haltung ein. Wenn möglich, gehen Sie ein paar Schritte – idealerweise an der frischen Luft. Wie wir bereits wissen, können Gedanken und Gefühle gut durch die dazugehörige Körperhaltung verändert werden, und dieser Zusammenhang lässt sich auch hier nutzen.

Die Gedankenstopp-Technik ganz bewusst zu üben, bis sie per »Autopilot« funktioniert, wird am Anfang wohl etliche Male pro Tag notwendig sein – je nachdem, wie eingefleischt Ihre Groll-, Sorgen- und Grübelgewohnheiten sind. Dies allein behebt zwar noch nicht Ihren Ärger und löst auch nicht das Problem, das Ihnen die schlechte Laune beschert hat, doch Sie bringen sich damit in eine Verfassung, in der Sie klarer denken können und sich als Gestalter statt als Opfer Ihrer eigenen Gedanken erleben.

4 Das Ausrufen des Wortes »Stopp« und die Änderung der Körperhaltung unterbrechen Ihren Gedankengang. Natürlich würde der sich gleich wieder fortsetzen, wenn Sie jetzt einfach untätig in sich zusammensinken würden. Deshalb ist es wichtig, dass Sie nach dem Stopp Ihre Aufmerksamkeit bewusst auf etwas Kontrastierendes, also etwas Positives lenken.

Dies kann beispielsweise sein:

- eine Vorstellung, die Ihnen (Vor-)Freude bereitet. (»Am Wochenende bin ich mit meiner besten Freundin zum Kino verabredet, die ich schon lange nicht mehr gesehen habe.«)
- etwas, das Sie als Nächstes gerne tun wollen. (»Jetzt mache ich mir erst einmal einen schönen Kaffee und hole mir die neueste Ausgabe meiner Lieblingszeitschrift vom Kiosk.«)
- ein schöner Gegenstand in dem Raum, in dem Sie sich befinden, beispielsweise ein Blumenstrauß, den Sie sich gekauft haben, oder ein Bild, das Sie besonders gerne mögen.

Gut sind dabei auch positive Selbstbestärkungen. Formulieren Sie zwei oder drei Sätze, möglichst kurz und prägnant, die Sie sich sofort nach dem »Stopp!« selbst sagen – am besten wieder laut. Dies kann so etwas sein wie: »Ich bin okay so, wie ich bin«, »Ich krieg das hin« oder »Ich gehe meinen Weg, auch wenn er nicht allen gefällt«.

Für all die Gedanken, die Sie unterschwellig beschäftigen und Ihnen immer wieder am Tag schlechte Laune zu bescheren drohen, kann neben der Gedankenstopp-Technik auch das Anlegen einer »Ärger-Box« hilfreich sein (siehe nächste Seite). Sie sorgt dafür, dass Gedanken nicht »verloren« gehen, sondern dass Sie sich damit auseinandersetzen. Allerdings entscheiden Sie selbst, zu welchem Zeitpunkt und wie lange Sie sich ihnen widmen möchten – und sind damit wieder Herr Ihrer Handlungen.

Ärger-Box

Diese Kombination der Gedankenstopp-Technik mit der Ärger-Box wird Ihr Alltagsdenken erheblich aufhellen!

- Vereinbaren Sie mit sich selbst eine Zeit, in der Sie sich in Ruhe allen Ärgernissen des Tages widmen wollen, beispielsweise abends zwischen 19.00 Uhr und 19.30 Uhr. Länger als eine halbe Stunde sollten Sie hierfür jedoch nicht veranschlagen!

- Dann suchen Sie sich eine kleine Schachtel mit Deckel und erklären sie zu Ihrer Ärger-Box. Natürlich können Sie die Schachtel auch entsprechend beschriften.

- Jedes Mal, wenn nun während des Tages ein Ärger- oder Grübelgedanke kommt, wenden Sie zunächst die Gedankenstopp-Technik an, sagen sich jedoch auch »Okay, heute 19.00 Uhr widme ich mich diesem Gedanken«, schreiben ihn sofort auf einen Zettel und werfen diesen in die Ärger-Box.

- Wenn ein Gedanke mehrfach auftaucht, weisen Sie ihn ab mit: »Ja, ja, dich kenn ich schon. Heute Abend 19.00 Uhr haben wir einen Termin, du stehst schon auf dem Zettel.«

- Zu der verabredeten Zeit öffnen Sie Ihre Ärger-Box und widmen sich den darin enthaltenen Notizen. Seien Sie unbesorgt, falls Sie nun einen ganzen Zettelberg vor sich liegen haben sollten, denn: Ein Gutteil wird sich in der Zwischenzeit von selbst erledigt haben. Über manches werden Sie vielleicht auch lachen können.

- Für das Verbleibende brauchen Sie sich keine Lösung auszudenken, sondern Sie lesen einfach die Zettel immer schön der Reihe nach durch und erlauben sich, völlig unproduktiv über das Gelesene nachzugrübeln und sich zu ärgern. Jetzt dürfen Sie!

- Nach dieser Zeit machen Sie einen Schnitt: Schluss mit Groll, Sorgen und Grübelei – Sie wissen ja: Nichts geht verloren. Wenn der Gedanke morgen wiederkommt, wandert er erneut in Zettelform in die Ärger-Box, und Sie können sich am Abend wieder eine halbe Stunde lang intensiv damit beschäftigen.

Mood Food: Nicht nur Schokolade macht glücklich

Eine knusprige Ente, ein knackiger Salat, ein würziges Nudelgericht – leckeres Essen kann schon rein durch den guten Geschmack glücklich machen. Noch besser funktioniert dies, wenn es mit Muße und im Kreis lieber Menschen, die einem am Herzen liegen, eingenommen wird – ein und dieselbe Pizza schmeckt eben beim gemütlichen Abendessen mit Freunden viel besser als »schnell mal zwischendrin« beim Steh-Imbiss an der Ecke.

Neben dem Wo und Wie ist natürlich auch das Wieviel und vor allem das Was entscheidend – unser Essen enthält nämlich so einiges, das die Stimmung beeinflussen kann, sowohl im Positiven als auch im Negativen. So hat z. B. das Institut für Sozialmedizin an der Universität Wien in einer Reihe von Analysen zum Thema Essverhalten herausgefunden, dass, wer sich zu fett und zu eiweißreich ernährt, nicht nur ein Schwere- und Völlegefühl verspürt, sondern damit auch üble Laune riskiert. Übrigens spielt natürlich auch die Flüssigkeitsaufnahme eine wichtige Rolle: Viele Menschen trinken über den Tag verteilt viel zu wenig und fühlen sich dann aufgrund des Flüssigkeitsmangels gereizt und schlapp.

Andererseits können bestimmte Stoffe, wie sie etwa in Kohlenhydraten enthalten sind, die Stimmung deutlich heben. Natürlich machen Kohlenhydrate allein Sie nicht zu einem Sonnenscheinchen und vor allem nicht in hochkonzentrierter Form von Zucker, der ohne Umweg über die Verdauung direkt ins Blut schießt und die Stimmung erst hochschnellen und dann schnell wieder absacken lässt. Besser sind da komplexe Kohlenhydrate aus Vollkornprodukten, die erst »geknackt« werden müssen. Zu Kartoffeln, Nudeln und Co. gehören natürlich viel Obst und Gemüse, die neben Gute-Laune-Botenstoffen auch für die innere Ausgeglichenheit unabdingbare Vitamine, Enzyme und Mineralien enthalten. Welche Stoffe im Essen sind nun für eine sonnige Stimmung besonders wichtig?

Boten(stoffe), die es in sich haben

Endorphine – schmerzstillende Stoffe, die wie ein sanftes Opiat wirken und gleichzeitig euphorisch und gelassen machen – werden vor allem bei Ausdauersport vom Gehirn ausgeschüttet. Sie können mit folgenden Nahrungsmitteln die Bildung von Endorphinen zusätzlich unterstützen: mit Vollkornprodukten – vor allem Hirse und Dinkel –, Schokolade, Trockenfrüchten, Honig und Nüssen. Aber auch mit Scharfem und Saurem sind Sie hier gut bedient: mit Chili, Peperoni und Co. bzw. mit Zitrusfrüchten, Trauben oder mit sauren Gurken und anderem in Essig eingelegten Gemüse.

Acetylcholin sorgt für Wachheit und gute Konzentration – enthalten ist es in Sojaprodukten, Eiern, Vollkorngetreide, Käse, Haferflocken und Hülsenfrüchten.

Das wohl wichtigste Stimmungshormon, nämlich Serotonin, wirkt harmonisierend auf das Zentralnervensystem, vermindert die Empfindlichkeit gegenüber Schmerzen und lindert Unruhe. Es wird aus der Aminosäure Tryptophan gebildet. Gute Tryptophanquellen sind Bananen, Dinkel, Hülsenfrüchte, Soja, Nüsse, Milchprodukte, Fleisch und Fisch. Wichtig für den Serotoninspiegel sind auch ungesättigte Omega-3-Fettsäuren, die vor allem in Seefisch und hochwertigen Pflanzenölen enthalten sind.

Omega-3-Fettsäuren als Stimmungsmacher

Mehrfach ungesättigte Omega-3-Fettsäuren können auf Stimmung, Verhalten und sogar auf die Persönlichkeit einwirken. Das ergab eine kleine Studie der Universität von Pittsburgh. Teilnehmer mit wenig Omega 3 im Blut zeigten leichte Depressionssymptome, waren eher pessimistisch und regten sich schnell auf. Die Teilnehmer mit hoher Fettsäurekonzentration im Blut waren dagegen eher ausgeglichen, optimistisch und gelassen.

Während Serotonin Sie durch Entspannung in gute Stimmung bringt, steht bei den **Katecholaminen** – also Adrenalin, Noradrenalin und Dopamin – »Action« im Vordergrund. Katecholamine regen an, fördern Aufmerksamkeit und Aktivität – Sie haben somit mehr Power, um bestehende Probleme anzugehen. Katecholamine sind enthalten in Milchprodukten, Eiern, Geflügel, Hasel- und Erdnüssen, Fisch, Meeresfrüchten, Vollkornreis sowie Erbsen.

Gute-Laune-Vitamine

Auch Vitamine können eine wichtige Rolle im Stimmungsmanagement spielen, allen voran die **Vitamine B_2 und B_5** (Letzteres auch bekannt als Pantothensäure) und die ebenfalls zum Vitamin-B-Komplex gehörende **Folsäure**. So haben verschiedene Studien gezeigt, dass depressive Menschen im Vergleich zu gesunden einen sehr niedrigen Folsäurespiegel aufweisen. Je niedriger er ist, desto ausgeprägter ist offenbar auch die Depression. Gute Quellen für Vitamin B_2 sind Vollkornprodukte, Bohnen, Brokkoli, Milchprodukte und Eier. Pantothensäure findet sich in Leber, Weizenkeimen, Kleie, grünem Gemüse (Brokkoli, Chinakohl, Salat), Spargel und Nüssen. Folsäure steckt in Weizenkeimen, Soja- und Vollkornprodukten, Spinat sowie grünem Gemüse.

Eine heitere Stimmung können Sie mit ganz unterschiedlichen Vitaminen unterstützen.

Verschiedene Untersuchungen haben auch einen Zusammenhang zwischen einem Mangel an **Vitamin D** und Verstimmungen festgestellt. Dies könnte eine Erklärung für den »Novemberblues« sein. Vitamin D ist nämlich das einzige Vitamin, das der Körper selbst bilden kann. Dies geschieht dann, wenn Sonne auf die Haut scheint. In der dunklen Jahreszeit, wenn dic tägliche Sonnenscheindauer zurückgeht und man sich zudem vorwiegend drinnen aufhält, fallen der Vitamin-D-Spiegel und damit auch die Stimmung ab – sofern nicht ausreichend Vitamin D über die Nahrung zugeführt wird. Vitamin D liefern Eier, Meeresfische, Thunfisch, Leber und Pilze.

Vorsicht vor Schlechte-Laune-Diäten

Diäten mit hohem Eiweiß- und Fettgehalt, bei denen auf Kohlenhydrate verzichtet wird, sind für das Gute-Laune-Training kontraproduktiv. Wie aus einer Studie des Massachusetts Institute of Technology hervorgeht, führen sie zu vermehrten Stimmungsschwankungen, zu Niedergeschlagenheit und Gereiztheit. Da auf die Zufuhr von Kohlenhydraten verzichtet wird, wird die Produktion der Gute-Laune-Botenstoffe blockiert. Zudem steigt durch die gehäufte Menge an Eiweißabbauprodukten auch der Harnsäuregehalt im Blut, und man riskiert eine Nierenfunktionsstörung. Sogar das Risiko von Herz-Kreislauf-Erkrankungen wächst und dem Darm fehlen die nötigen Ballaststoffe.
Also: Hände weg von solchen gesundheitlich bedenklichen und stimmungskillenden Ernährungsweisen!

Darf es sonst noch etwas sein?

Unbedingt! Die natürlichen Scharfmacher Chili, Pfeffer, Peperoni und Curry beispielsweise lösen durch das darin enthaltene Capsaicin nicht nur Brennen auf der Zunge aus, sondern veranlassen auch eine Schmerzmeldung im Gehirn. Das reagiert daraufhin mit der Ausschüttung von Endorphinen – und diese dämpfen, wie wir ja bereits gesehen haben, nicht nur Schmerzen, sondern lösen gleichzeitig eine leichte Euphorie aus.

Passionierte Kaffeetrinker werden sich über diese Nachricht freuen: Kaffee kann Verstimmungen deutlich aufhellen, da das darin enthaltene Koffein direkt an bestimmte Rezeptoren im Gehirn andockt. Dadurch werden rasch Gute-Laune-Stoffe freigesetzt, die helfen, die Stimmung zu heben – nicht dauerhaft, aber immerhin für etwa zwei Stunden. Auch Konzentrationsfähigkeit, Reaktionsvermögen und die Merkfähigkeit werden durch ein bis zwei Tassen Kaffee pro Tag nachweislich verbessert.

Die richtige Nährstoffkombination für einen langen Tag

Wer den ganzen Tag über fit und gut gelaunt sein möchte, sollte also auf eine ausgewogene Ernährung achten und seinen persönlichen Speiseplan entsprechend zusammenstellen. Ein idealer Gute-Laune-Tag könnte so ausschauen:

Am Morgen empfiehlt es sich, ein Vollkornfrühstück zu sich zu nehmen, das die Kohlenhydrate des vollen Korns mit Eiweiß und frischen Früchten kombiniert. Ideal sind hier beispielsweise ein Müsli mit Früchten der Saison und mit Joghurt oder auch Vollkornbrot mit Frischkäse und dazu Obstsalat.

Mittags sollte das Essen leicht, vitaminreich und fettarm sein, gerne auch scharf gewürzt. Fisch oder Geflügel mit Gemüse oder Salat und zum Nachtisch Quark mit Früchten sind gut verdaulich und bauen dem berühmten nachmittäglichen Leistungstief vor.

Abends sorgen dann Kohlenhydrate aus Reis-, Hirse-, Nudel- oder Kartoffelgerichten für Entspannung und erleichtern es, den Abstand zum Arbeitstag zu finden.

Normalerweise brauchen Sie nichts »zwischendurch«. Falls Sie jedoch an Zwischenmahlzeiten gewöhnt sind, da Sie sich sonst hungrig oder »down« fühlen, wählen Sie kleine, kohlenhydrathaltige **Snacks**, die Ihre Verdauung nicht belasten, sondern die gute Stimmung mit stabilisieren helfen. Ideal dafür geeignet sind Vollkornprodukte, Obst und Gemüse. Damit der Genuss nicht zu kurz kommt, ist natürlich hin und wieder auch ein Stück Schokolade, ein Eis, ein Müsliriegel oder etwas anderes Süßes erlaubt.

Ganz wichtig ist auch, dass Sie mindestens 1,5 bis 2 Liter pro Tag **trinken** – am besten Wasser, Kräutertee oder ungesüßte Fruchtsäfte.

Falls Sie öfter Mühe mit dem **Einschlafen** haben sollten, greifen Sie doch mal zu dem alten Hausmittel »heiße Milch mit Honig«. Das süße Betthupferl lockt den Gute-Laune-Botenstoff Serotonin besonders gut hervor, der Sie gleichzeitig beruhigt und entspannt. Weitere Einschlaftipps finden Sie auf S. 75.

Die »Big Five« für gute Laune

1. Regelmäßig und in Ruhe essen.
2. Ausreichend trinken (mindestens 1,5 bis 2 Liter pro Tag).
3. Maßvoll mit Eiweiß umgehen.
4. Statt Süßigkeiten, die den Serotoninspiegel rasch hochschie-
   ßen und wieder abstürzen lassen, Kohlenhydrate in Form von
   Müsli, Brot, Nudeln, Obst oder Kartoffeln bevorzugen, die für
   ein stabiles »Hoch« des Gute-Laune-Botenstoffs sorgen.
5. Wenig zu tierischen Fetten greifen, die träge machen; besser:
   pflanzliche Öle, die auch Omega-3-Fettsäuren enthalten.

Mit allen Sinnen genießen

Gute Laune hat viel mit sinnlichem Erleben zu tun; schließlich nehmen wir positive wie negative Reize ausschließlich über Augen,
Ohren, Nase, Mund und über die Haut auf, und dies lässt sich hervorragend für das Gute-Laune-Training nutzen. Verwöhnen Sie also
Ihre Sinne und erzeugen Sie Sonne für die Seele! Sie sind förmlich
von Gute-Laune-Machern umzingelt, Sie müssen sie nur einsetzen.

Tanken Sie Sonne!

Helles Licht brauchen wir (fast) wie die Luft zum Atmen. Licht
dirigiert unseren Organismus, bestimmt Takt und Rhythmus vieler
biochemischer Abläufe. Lichtmangel dagegen macht müde, lustlos,
gereizt, unkonzentriert. Hier wirkt eine Sonnendusche wahre Wunder, denn das natürliche Sonnenlicht kurbelt die Produktion von
Serotonin an. Gehen Sie daher jeden Tag mindestens eine halbe
Stunde vor die Tür. Selbst ein bedeckter Himmel hat deutlich mehr
Licht, nämlich etwa 4000 Lux – das ist die Einheit für die Licht-
intensität –, als eine normale Bürobeleuchtung mit nur 500 Lux.

Mehr Farbe ins Leben bringen

Mit Farben können Sie Stimmungen erzeugen oder auch Ihren Räumen eine völlig neue Ausstrahlung geben. Dabei geht es nicht darum, nun möglichst »bunt« sein zu müssen, sondern um eine die Sinne aktivierende Abstimmung der verschiedenen farbtragenden Elemente untereinander, also von Möbeln, Boden, Decke, Wänden, Türen, Fensterrahmen etc. Oft reicht dafür schon der geschickte Einsatz von Wohnaccessoires wie Teppichen, Kissen oder Vorhängen. Helle Farben – wie pastellige Gelb- und Orangetöne, Lindgrün – wirken leicht und freundlich und lassen jeden Raum größer erscheinen. Kalte Farben – etwa kräftiges Blau oder Türkis – schaffen Distanz und vermitteln den Eindruck von Sachlichkeit und Funktionalität; wirken beruhigend, entspannend, kühlend und erfrischend. Warme Farben – also Gelb, Orange, Rot, Beige, Ocker und Braun – schaffen Nähe und eine persönliche und anheimelnde Atmosphäre. Dunkle Farbtöne – wie Moosgrün, dunkles Blau oder dunkles Braun – können Düsternis verbreiten, aber auch Geborgenheit vermitteln. Versuchen Sie sich also doch einmal an der Neugestaltung Ihrer Umgebung – am besten beginnen Sie mit dem Raum, in dem Sie sich am häufigsten aufhalten.

Wie wirken Farben auf die Stimmung?

Farbe	Stimmung/Assoziation
Gelb	anregend, heiter, befreind, Intuition, Kontakt
Orange	Freude, erwärmend, Glanz, Sonne
Braun (erdfarben)	trocken, nüchtern, real, banal, fest
Rot (Zinnober)	erregend, lebhaft, Feuer, Gefahr, Liebe
Rot (Purpur)	erhaben, würdig, prächtig
Rosa	süßlich, zurückhaltend, zart, Abstand
Violett	mystisch, Unruhe, hoher Anspruch, Rausch

Musik für die Seele

Wohl jeder hat bereits die Erfahrung gemacht, dass Musik ein wahrer Balsam für die Seele sein kann. Man versinkt gerade im Trübsinn und hat zu überhaupt nichts Lust, da dringt urplötzlich aus dem Radio ein Lieblingssong ans Ohr – und schon scheint die Welt wie verwandelt. Musik beeinflusst rasch und intensiv die innere Wetterlage und hilft, die Seele wieder neu einzustimmen. Egal, ob ein alter Gassenhauer, ob Bruce Springsteen, Schlager, Volkstümliches, Pop oder Mozart: Musik, die von Ihnen persönlich als angenehm empfunden wird, wirkt wie ein Gute-Laune-Schalter.

Der Neuropsychologe Stefan Koelsch vom Max-Planck-Institut in Leipzig sieht dafür evolutionäre Gründe: Musik sei immer schon ein soziales, gemeinschaftsförderndes Erlebnis gewesen, das Menschen zu allen Zeiten miteinander verbunden hat. Daran scheinen wir uns unbewusst zu erinnern, sobald als angenehm empfundene Klänge ans Ohr dringen. Die Neuropsychologin Anne Blood spricht vom »Gänsehauterleben«, das Musikhören auslösen kann, und sogar vom »Hautorgasmus«, der das gehirneigene Belohnungssystem aktiviert und die uns mittlerweile wohlbekannten Gute-Laune-Neurotransmitter großzügig ausschüttet.

Immer der Nase nach – das gilt auch für die Stimmung

Neben Musik und Geschmack wirken sich auch Gerüche sehr direkt auf unsere Stimmung und unsere Befindlichkeit aus. So kann z.B. der unvermittelte Duft eines bestimmten Parfüms, das die Großmutter benutzt hat, uns innerlich in die Vergangenheit und die Geborgenheit der Kindheit zurück»katapultieren«, oder der Geruch von Thymian und Lavendel ruft die Erinnerung an den Urlaub in der Provence wieder wach. Umgekehrt sorgt ein unangenehmer Geruch schnell für negative Empfindungen. Denken Sie nur einmal daran, wie Ihnen zumute ist, wenn Sie verdorbenes Essen riechen.

Duft und Wohlgeschmack beeinflussen uns unmittelbar

Wissenschaftler vom Institut für Medizinische Psychologie der Universität München haben in einer neuen Studie nachgeforscht, warum Sinnesreize, die über Nase und Zunge aufgenommen werden, direkter auf die Stimmung einwirken als andere Reize. Das Ergebnis: Diese Reize werden unmittelbar in das limbische System, also das Gefühlszentrum des Gehirns, geleitet und lösen dort sofort eine Reaktion aus, die sich körperlich und gedanklich bemerkbar macht.

Diesen Zusammenhang können Sie für Ihre sonnige Stimmung gut nutzen – z. B. indem Sie ätherische Öle in Duftlampen verwenden. Finden Sie heraus, was Ihnen guttut.

Typische Öle mit anregender Wirkung sind Zitrusdüfte wie Orange oder Zitrone, darüber hinaus Geranie, Rose, Zimt, Bergamotte, Eukalyptus, Fichte oder auch Rosmarin. Dagegen fördern Lavendel, Sandelholz, Patchouli, Vanille, Melisse, Baldrian und Ylang-Ylang innere Ruhe und Entspannung.

Wasser – das Lebenselixier

Wasser ist unser Lebenselixier Nummer eins und lässt sich vielfältig nutzen. Wer gerade morgens oft schlechtgelaunt vor sich hin muffelt, kann das mit einer Dusche sofort ändern. Wie Psychologen der Universität Wien herausgefunden haben, ist Duschen ein überaus wirksamer Gute-Launer-Macher. Auch wenn Sie tagsüber sehr angespannt gearbeitet haben, können Sie durch fünf Minuten warmes Duschen nach Feierabend den Stress regelrecht wegspülen und schnell wieder Harmonie in Ihr vegetatives Nervensystem bringen. Genießen Sie die Wärme des Wassers und stellen Sie sich dabei vor, dass alles Störende mit dem Wasser im Ausguss entschwindet.

Gerade bei Regenwetter und Kälte kann auch ein heißes Wannenbad Wunder wirken, denn die Wärme vertreibt das unbehagliche, klamme Körpergefühl und regt die Durchblutung an. In Kombination mit einem der auf der vorangegangenen Seite genannten ätherischen Öle und Ihrer Lieblingsmusik können Sie sich so mit einem rundum sinnlichen Riech-Fühl-Hör-Erlebnis pflegen.

Sauna und Massagen schenken wohlige Entspannung

Auch regelmäßige Saunabesuche sind eine Wohltat für Ihre Stimmung. Sie entspannen die Muskulatur, tun den Atemwegen gut und regen das vegetative Nervensystem an. Der Wechsel zwischen Hitze und anschließender Abkühlung bringt außerdem Kreislauf und Stoffwechsel in Schwung. Allerdings sollten Menschen mit einer Überfunktion der Schilddrüse, Magen- oder Darmgeschwüren, akuten Atemwegserkrankungen und Herz-Kreislauf-Beschwerden vor Ihrem ersten Saunabesuch mit dem Arzt abklären, ob Saunieren für sie gesundheitlich unbedenklich ist.

Sanfte Massagen lösen nicht nur hartnäckige Muskelverspannungen, sondern durch den intensiven Hautkontakt wird im Körper neben Endorphin und Dopamin ebenfalls vermehrt der Botenstoff Oxytocin ausgeschüttet, der Sie in Hochstimmung versetzt. Sie können sich auch selbst gut mit einer Massage verwöhnen.

ÜBUNG:
Handballen reiben

Gemäß der Traditionellen Chinesischen Medizin (TCM) gehen von den Handballen Energiebahnen zur Leber und stärken diese. Und eine starke Leber fördert nach der TCM die gute Laune. Nutzen Sie dieses jahrtausendealte Wissen für sich, indem Sie Ihre Handballen erst rechts, dann links ein bis zwei Minuten lang kräftig massieren. Mehrmals täglich wiederholen.

Schlafen Sie gut!

Wer sich eines guten und tiefen Schlafes erfreuen kann, der startet ausgeruht in den Tag und hat damit schon viel für ein geistiges und körperliches Hoch getan. Doch leider will das manchmal eben nicht so recht klappen, vor allem dann, wenn das Gedankenkarussell unablässig weiterfährt. Sie kennen das bestimmt: Sie haben am nächsten Tag einen wichtigen Termin vor sich, doch statt mit angenehmen Träumen zu entspannen, wälzen Sie sich unruhig hin und her, fragen sich, ob Sie gut genug vorbereitet sind, ob Sie nichts vergessen haben, wie die Entscheidung nach dem Termin ausfallen wird etc. Hier hilft zunächst die Gedankenstopp-Technik (siehe S. 62 f.) weiter, mit der Sie alles Beunruhigende vor der Schlafzimmertür lassen.

Doch es gibt noch weitere einfache Regeln, mit denen Sie die richtige »Bettschwere« locken können:

Dazu gehört vor allem, einen regelmäßigen Schlaf-wach-Rhythmus einzuhalten: Versuchen Sie also – auch am Wochenende –, immer zu ähnlichen Zeiten ins Bett zu gehen und aufzustehen, damit sich Ihr Körper an feste Schlaf- und Wachphasen gewöhnen kann. Auch ein persönliches Zubettgeh-Ritual, das Sie jeden Tag befolgen, kann weiterhelfen. Gönnen Sie sich etwas Schönes, z. B. indem Sie noch einmal um den Block gehen, eine gute Freundin anrufen oder ein paar Seiten in der Zeitung lesen.

Zudem sollten Sie abends keine schweren und fettreichen Speisen mehr zu sich nehmen; am besten ist, Sie essen generell nach 20.00 Uhr nichts mehr. Anregende Getränke – wie Kaffee und grüner Tee –, aber auch größere Mengen Alkohol sollten ebenfalls tabu sein. Anstrengender Sport zu später Stunde ist gleichfalls kontraproduktiv, da dadurch die Stoffwechseltätigkeit stark erhöht wird und der Körper somit nicht zur Ruhe finden kann.

Fehlt nur noch die Einrichtung der Schlafumgebung: Lüften Sie vor dem Zubettgehen Ihr Schlafzimmer einmal kräftig durch, damit genug frischer Sauerstoff hineinströmen kann. Zu warm sollte es auch nicht sein – eine Temperatur von 16 bis 18 °C ist ideal.

Das Wichtigste auf einen Blick

✤ Einfach ein **fröhliches Gesicht aufsetzen**, auch wenn Ihnen nicht danach ist, kann als kurzfristige Strategie nützlich sein, eignet sich jedoch nicht als Dauerrezept.

✤ Betrachten Sie gute Laune nicht als **Zwang zum Gut-drauf-Sein**, sondern geben Sie allen Ihren Stimmungslagen einen Platz in Ihrem Leben. Entscheiden Sie sich bewusst dafür, in einer schlechten Stimmung bleiben oder sie ändern zu wollen.

✤ Es gibt eine Reihe einfacher »Schalter«, die Sie immer und überall benutzen können, um schlechte Laune abzustreifen und in eine sonnige Stimmung zu kommen. Tief **atmen**, **singen**, in **Bewegung** kommen und die richtige **Körperhaltung** hellen die Stimmung auf völlig natürliche Weise auf.

✤ Oft schafft ein **kurzfristiger Ortswechsel** den nötigen Abstand zu einer niedergedrückten oder »geladenen« inneren Atmosphäre.

✤ Sie können aber auch den **Blick auf das Problem** oder Ärgernis richten, das Ihnen zu schaffen macht. Sobald Sie Ihren Blickwinkel weiten, erscheint das Bedrückende kleiner, relativer und weiter weg von Ihnen.

✤ Keine innere Ordnung ohne **äußere Ordnung** – aufräumen verschafft Ihnen einen willkommenen Perspektivenwechsel.

✤ Alternativ hilft es oft, den **Blick zu verändern**, indem Sie ihn bewusst einengen und sich voll und ganz auf das Hier und Jetzt konzentrieren, also achtsam sind.

✤ Durch »**Gute-Laune-Anker**« können Sie den Blick zwischendurch immer wieder auf Angenehmes richten, das ein Lächeln auf Ihr Gesicht zaubert.

❋ Die **positiven Fragen** helfen Ihnen dabei, für das Gute in Ihrem Leben sensibel zu werden.

❋ Mittels der **paradoxen Fragen** können Sie darüber hinaus eigene Wege finden, Ihren persönlichen Stimmungskillern wirksam zu begegnen.

❋ **Groll, Gram und Grübelei bremsen** Sie mit der »Gedankenstopp-Technik« und der »Ärger-Box«, bevor sie sich zu ätzender Unleidlichkeit auswachsen.

❋ Gute Laune kann man tatsächlich sowohl durch das **richtige »Mood Food« unterstützen** als auch durch ungeeignete Mahlzeiten torpedieren. Wenn Sie dafür sorgen, dass Ihre Ernährung im Alltag viele Gute-Laune-Macher enthält, werden Sie sehr bald entsprechende Resultate in Ihrem Körpergefühl spüren.

❋ Sorgen Sie für **Oasen sinnlichen Erlebens** im Alltag – tauchen Sie ein in die Welt des Lichts, der Farben, der Berührung, der Düfte und Klänge. Wählen Sie aus, was Ihnen besonders gefällt.

❋ **Wasser** lässt sich vielfältig für Ihr persönliches Stimmungsmanagement einsetzen. Ob als Dusche oder als Bad: Unser Körper scheint auf den Kontakt mit Wasser förmlich mit guter Laune zu »antworten«.

❋ **Sauna und Massagen** sind ebenfalls einfache Methoden, die für ein körperliches und damit auch seelisches Hoch sorgen können.

❋ Last but not least: **erholsamer Schlaf** ist ein ausgezeichneter Gute-Laune-Vorschuss für den nächsten Tag.

Interview mit Werner Tiki Küstenmacher

Werner Tiki Küstenmacher ist von Haus aus evangelischer Pfarrer, arbeitet aber seit den 1990er Jahren als freiberuflicher Grafikdesigner, Zeichner und Buchautor. Vor allem in seinem Bestseller »Simplify your life« zeigt er mit viel Humor Wege zu einem ballastfreien Leben auf.

? Jeder kennt Tage, an denen nichts recht gelingen will – was machen Sie mit so einem Tag?

Es gibt eigentlich keine Tage, an denen einem gar nichts gelingt – meist ist es andersherum: Zu einer bestimmten Aufgabe, die eigentlich heute fertig sein muss, habe ich keine Lust. Dann mache ich wenigstens etwas anderes, Einfacheres. Sonst habe ich mich den ganzen Tag mit etwas geplagt, und am Ende ist doch nichts erledigt. Also wenn ich den versprochenen Zeitschriftenartikel heute geistig nicht zustande bringe, dann räume ich wenigstens die überfüllte Abstellkammer aus. Oft passiert dann sogar das kleine Wunder: Nach dem (geistlosen) Aufräumen kriege ich so einen Energieschub, dass ich es danach sogar schaffe, den verflixten Text zu schreiben.

? Was fällt Ihnen zu folgendem Zitat ein, das Franz Liszt zugeschrieben wird: »Glücklich, wer mit den Verhältnissen zu brechen versteht, ehe sie ihn gebrochen haben.«

Ein Satz, den ich 100-prozentig unterstütze. Ich lerne bei meinen Vorträgen und Seminaren immer wieder Menschen kennen, die todunglücklich sind in ihrem Beruf und sich einfach nicht herauswagen. Da kann ich immer wieder nur sagen: »Sei kein Opfer, sondern handle!« Das Leben ist zu kurz für einen unwürdigen Beruf. Da halte ich es mit der chinesischen Weisheit: »Such dir einen Beruf, den du liebst, und du musst nie wieder arbeiten.«

? Gibt es auch Dinge, die Sie »von null auf hundert« bringen?

Nur wenige. Das habe ich wirklich verinnerlicht, dass in dem Satz »ich ärgere mich« eine tiefe Wahrheit steckt: Der Mensch, der mich hauptsächlich ärgert, das bin ich selbst.

? Was machen Sie, wenn ein chronischer Schwarzdenker Sie in ein längeres Gespräch über die Mühsal des Lebens im Allgemeinen und im Besonderen verwickeln will?

Das schafft er meist gar nicht. Ich liebe es, Schwarzseher gegen den Strich zu bürsten. Ich bin überzeugt, dass wir Menschen zwei Grundmodi haben: Der eine ist der Bedürftigkeitsmodus. Da klagen wir, was uns alles zusteht und was wir alles nicht bekommen. In diesem Modus werden wir geboren, wir schreien nach Mamas Geborgenheit und Nahrung usw. Ist nur schlecht, wenn man lebenslang nicht aus diesem Modus herausfindet in den anderen: den Dankbarkeitsmodus, in dem wir staunen und uns freuen, dass wir überhaupt am Leben sind, in was für einer herrlichen Zeit wir leben, welche Möglichkeiten es gibt. Ich bin bei meiner Geburt und mit drei Jahren ganz knapp dem Tod entronnen. Dafür bin ich ewig dankbar. Ich empfinde mein Leben als Geschenk, als Zugabe.

? Was sind Ihre drei stärksten persönlichen Gute-Laune-Quellen?

1. Die Liebe meiner Frau
2. Sonnenlicht und der weite Himmel über mir
3. Gutes Essen und Trinken

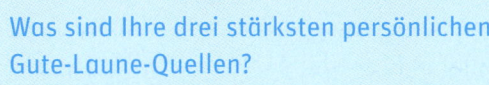

Stabile

Großwetterlagen

erzeugen

Was Sie in diesem Kapitel erwartet

Im letzten Abschnitt dieses Buches lernen Sie Wege kennen, um sich langfristig häufiger als bisher wohl, gut gelaunt und glücklich zu fühlen. Sie erfahren, warum es sich lohnt, den Blick auf das Positive zu richten, und dass Ihre Überzeugungen über sich selbst und die Welt eng mit Ihrer Stimmung zusammenhängen. Von optimistischen Menschen können Sie sich in puncto sonniger Laune eine Menge abschauen. Nicht ständig Vergleiche anzustellen, das Gestern ziehen zu lassen und sich von Dingen zu lösen, die für Ihr Glück nicht wirklich wichtig sind, gehören ebenso zu den Komponenten einer heiteren inneren Haltung, wie den Ärger über andere zu kanalisieren. Auch sich selbst und anderen mit Wertschätzung zu begegnen, sich mit Menschen zu umgeben, die Ihnen guttun, sowie mehr Gelassenheit zu entwickeln ist für häufige gute Laune enorm wichtig. Last but not least lernen Sie, was es mit dem Gesetz des Säens und Erntens auf sich hat.

Sich glücklich fühlen auch ohne Glück: Wie geht das?

Leben ist beständiger Wandel und wir selbst sind ebenfalls ständig im Umbruch begriffen. Dabei verändert sich jeder Mensch in die Richtung seiner am häufigsten gedachten Gedanken, und, wie schon im Kapitel »Schlechte Laune kann zur Gewohnheit werden« (siehe S. 25 ff.) veranschaulicht, wird jeder auch von dem mitgeprägt, womit er sich die meiste Zeit über beschäftigt. Ihre Stimmung hängt also stark davon ab, worauf Ihr gedanklicher Fokus hauptsächlich gerichtet ist und wie Sie diese Gedanken innerlich ordnen, bewerten und verarbeiten. Wenn Ihre Aufmerksamkeit in ständig wiederkehrenden negativen Gedanken – Ängsten, Sorgen, Zweifel, Grübeln, Ärger – feststeckt, erzeugen Sie damit eine entsprechende Großwetterlage von Gefühlen, welche wiederum die Art Ihrer Wahrnehmung färben und steuern. Je mehr Sie in schöner Regelmäßigkeit Dingen Aufmerksamkeit schenken, die Ihnen nicht wirklich guttun, umso mehr dominieren sie auch Ihr Leben.

Jeder neue Tag beschert Ihnen aber neben zu lösenden Problemen, Konflikten und anderen Herausforderungen in Beruf und Privatleben auch viele positive Impulse. Dies sind Geschenke, die Ihr Leben bereichern könnten – sofern Sie aufmerksam dafür sind. Solche kleinen Lichtblitze können Sie nur dann wirklich wahrnehmen, wenn Sie sie im Fokus Ihrer Wahrnehmung haben, wie beispielsweise ein Lob, das Lächeln eines Vorübergehenden, Vogelgezwitscher, ein Regenbogen oder ein Scherz. Wenn Sie sich dafür entscheiden, Ihre Aufmerksamkeit zielgerichtet zu steuern, dann können Sie sie immer wieder auch auf Dinge lenken, die Ihnen Freude und gute Laune bereiten. Das zaubert Probleme und Konflikte zwar nicht weg, ändert jedoch die Qualität Ihres Erlebens. Die belastenden Dinge werden relativer und üben dadurch auch automatisch weniger Druck auf Sie aus. Bei diesem Perspektivenwechsel kann gerade die alte Tugend der Dankbarkeit Sie gut unterstützen.

ÜBUNG:
Fünf Gründe für Dankbarkeit

Zählen Sie jeden Morgen oder jeden Abend nach dem Zähneputzen, gleichgültig in welcher Stimmung Sie sind, fünf Dinge an Ihren Fingern ab, für die Sie dankbar sein könnten. Dabei ist es völlig egal, was es ist: ein liebevoller Blick Ihres Partners, das Sonderangebot im Supermarkt, nach einer Krankheit wieder gesund zu sein usw. Vermeiden Sie dabei Dopplungen. Finden Sie stattdessen jeden Tag neue Gründe, dankbar zu sein.
Dies wird Ihre Stimmung nicht nur spontan aufhellen, sondern wird potenzielle Miesepetrigkeit auch langfristig betrachtet effektiv verscheuchen. Gut möglich, dass Sie, wenn Sie diese Übung ein paar Wochen lang tagtäglich praktiziert haben, mehr und mehr auch untertags spontan Anlässe sehen, dankbar zu sein.

Gutes Klima schaffen:
Wie Sie Überzeugungen ändern

Stimmungen wechseln manchmal so schnell wie das Wetter im April. Wie wir im Kapitel 2 gesehen haben, gelingt es daher auch oft, durch leicht einsetzbare Gute-Laune-Blitzstrategien rasch aus einem Tief herauszukommen. Wollen Sie jedoch dauerhaft in eine optimistischere und zuversichtlichere Grundstimmung, also in eine stabile Großwetterlage kommen, braucht es etwas mehr Aufwand, und es ist dabei auch wichtig, sich einige grundlegende Zusammenhänge noch einmal zu verdeutlichen.

Wahrnehmen, bewerten und handeln:
Das ABC-Schema

Unsere Wahrnehmung folgt einem einfachen Schema, das uns blitzschnell bei der Orientierung hilft:

A: auslösendes Ereignis

B: bewertende Gedanken

C: Konsequenzen aus den Bewertungen in Gefühlen sowie im Verhalten

Dies erklärt, warum verschiedene Menschen auf ein und dasselbe Ereignis mit völlig unterschiedlichen Verhaltensweisen reagieren. Sie ordnen Geschehnissen ganz unterschiedliche Bedeutungen zu, und das beeinflusst maßgeblich ihre Gefühle und ihre Handlungen.

Wenn jemand sich beispielsweise häufig mutlos oder frustriert fühlt, dann deswegen, weil er gelernt hat, sich auf bestimmte Auslöser hin entsprechend mutlose und frustrierende Gedanken zu machen und durch seine Gedanken die »passenden« Gefühle aufzurufen. Dieses »Gedanken-Gefühle-Tandem« ist auf der »Festplatte« des Gehirns in Form von Einstellungs- und Denkprogrammen gespeichert und wird automatisch in entsprechenden Situationen immer wieder aktiviert und führt gegebenenfalls zu bestimmten Handlungen. Jemand, der beim Auftreten eines Problems sofort »Das kann ich nicht«-Gedanken aktiviert, trifft andere Entscheidungen als jemand, der »Oh, interessant, mal sehen, wie das funktioniert« aufruft. Wenn jemand »glaubt«, etwas sei (für ihn) nicht möglich zu tun, wird er es kaum ausprobieren. Andererseits wird jemand im festen Glauben daran, etwas Schwieriges schaffen zu können, seine Erfolgsaussichten enorm steigern können.

Auf die Gedanken kommt es an

Entscheiden Sie sich also dafür, solche Gedanken, Metaphern und Bilder zu pflegen, die Sie in eine gute Stimmung versetzen und Ihre Zuversicht stärken. Welche Gedanken Sie haben und wie Sie vor allen Dingen zu sich selbst stehen, entscheidet darüber,

- ob Sie Ihr Vorstellungsvermögen erweitern oder begrenzen,
- ob Sie zufrieden oder unzufrieden mit sich sind,
- ob Sie sich als eigenverantwortlich wahrnehmen oder ob Sie sich als Opfer bzw. Spielball anderer oder des Schicksals fühlen,
- und ob Sie resignierend die Hände in den Schoß legen oder ob Sie die Ärmel hochkrempeln und die Dinge aktiv anpacken.

Die bewusste Umbewertung von Ereignissen und Informationen ist der Schlüssel dafür, dass öfter als bisher Ihr innerer Gemütspegel auf »sonnig« steht. Dies gilt auch und gerade für die Dinge, die Sie nicht ändern können, wie beispielsweise eine Behinderung, das Älterwerden, das Wetter, eine Arbeitskollegin, die Sie nicht mögen, mit der Sie aber viel zu tun haben etc. In einigen Fällen werden Ihre Gedanken zu bestimmten Auslösern oder Ereignissen bereits auf positiv gepolt sein – hier ist eine Umbewertung dann natürlich nicht nötig.

Ein wichtiger Schritt ist nun, sich Ihre Einstellungen, spontanen Gedanken und Assoziationen – seien Sie positiv oder negativ – zu bestimmten (Lebens-)Themen zu vergegenwärtigen. Hierbei hilft Ihnen die folgende Übung.

Einstellungen, Gedanken und inneren Bildern auf die Spur kommen

Ergänzen Sie möglichst rasch die folgenden Sätze. Werden Sie sich darüber klar, welche Gedanken Ihnen spontan zu den einzelnen Aussagen in den Kopf kommen:

- Das Leben ist ...
- Ich bin ein Mensch, der ...
- Mein Körper ist ...
- Meine Mitmenschen sind ...
- Meine Arbeit ist ...
- Meine Kollegen sind ...
- Mein Partner/Meine Partnerin ist ...
- Kinder sind ...
- Wenn ich an die Vergangenheit denke, fühle ich mich ...
- Wenn ich an die Zukunft denke, fühle ich mich ...
- Wenn ich gute Laune habe, dann ...
- Wenn ich schlechte Laune habe, dann ...

Überlegen Sie, ob Ihre Satzergänzungen in Ihnen eher optimistische oder deprimierende Gefühle hervorrufen, und schätzen Sie ein, wie diese Gefühle Ihr Verhalten beeinflussen. Eher positiv? Eher negativ?

Wenn Sie den Eindruck haben, dass die eine oder andere Satzergänzung eher Negatives nach sich zieht, dann suchen Sie nach anderen, die Sie fortan für sich verwenden möchten.

Werden Sie sich auch im Alltag Ihrer Einstellungen bewusst, und fragen Sie sich, welche Ihnen wirklich guttun und Sie weiterbringen und welche Sie ändern sollten. Üben Sie sich darin, hinderlichen Überzeugungen das Wasser abzugraben und sich an den Gedanken zu gewöhnen, dass auch andere Sichtweisen und Einstellungen für Sie stimmig sein könnten. Die nachfolgende Übung dient dazu, solche blockierenden Denkmuster auf den Prüfstand zu stellen und den Weg für neues Denken und Handeln frei zu machen.

Überzeugungen relativieren

1 Notieren Sie einige der einschränkenden oder niederdrückenden Überzeugungen, von denen Sie den Eindruck haben, dass sie noch immer
in Ihnen wirksam sind. Wählen Sie eine Überzeugung aus, die Sie
gerne verändern würden (z. B. »Mich nimmt ohnehin keiner ernst«).

2 Hinterfragen Sie die Allgemeingültigkeit
dieser Überzeugung:
Ist das wirklich immer so?
Welche Ausnahmen, Gegenbeispiele gibt es?

3 Gehen Sie den eigenen Quellen dafür auf den Grund:
Woher kommt diese Überzeugung?
Wenn Sie an früher denken: Wer hat ähnlich oder
genauso gedacht?
Wie zuverlässig ist diese Quelle? Kann es sich auch um
eine subjektive Einstellung von jemandem anderen
handeln, die Sie einfach übernommen haben?

4 Prüfen Sie, welche Auswirkungen diese Überzeugung auf Ihr
Leben hat:
Welche Entscheidungen haben Sie aufgrund dieser Überzeugung
getroffen? Wie fühlen Sie sich jetzt mit den Konsequenzen dieser
Entscheidungen?
Gibt es Erfahrungen, die Sie aufgrund dieser Überzeugung gar nicht
erst machen wollen oder können?

5 Prüfen Sie, wie es wäre, wenn Sie die Überzeugung loslassen könnten:
Wenn Sie diese Überzeugung nicht hätten,
wie würden Sie dann denken? Was könnten
Sie dann tun?

6 Tun Sie so als ob: Handeln Sie bei nächster Gelegenheit
so, als hätten Sie diese hinderliche Überzeugung
bereits losgelassen, und entscheiden Sie dann, ob Sie
sie dauerhaft »entsorgen« wollen.

Der optimistische innere Dialog

Jeden Tag führt man nach Schätzung von Neurowissenschaftlern mehrere hundert bis über tausend kurze innere Selbstgespräche, in denen geprüft, verglichen, bewertet, interpretiert, kritisiert, gewünscht und gehofft wird. Das ist völlig normal. Dabei hat auch jeder spezielle »Lieblingsthemen«, die immer wieder in Gedanken durchlaufen, gekoppelt mit den entsprechenden Stimmungen und physischen Reaktionen.

Ihre hauptsächlich gepflegten inneren Gespräche versetzen Sie in Vorfreude, rufen Beschwingtheit und Zuversicht hervor? Wunderbar! Kreisen hingegen die meisten Ihrer Gedanken ständig um dieselben problembelasteten Themen, so zieht langsam, aber sicher ein inneres Tiefdruckgebiet auf. Viele Menschen tragen ständig mehrere ungelöste Probleme und verschiedenste Befürchtungen mit sich herum — so, als ob sie viele Radio- und Fernsehprogramme gleichzeitig verfolgen würden.

Wie Sie mit sich selbst sprechen, hat einen großen Einfluss auf Ihre innere Stimmungs-Großwetterlage.

Wenn Sie Ihre Selbstgespräche einmal wie Bühnendialoge betrachten und dann auch die Inhalte notieren, werden Sie nach und nach Strukturen und Lieblingsthemen erkennen. Achten Sie vor allem auf die Feststellungen, die Sie über sich selbst treffen. Beobachten Sie, ob Sie bestärkend oder abwertend über sich selbst, Ihre Fähigkeiten und Ihr Erfolgspotenzial reden. Der Selbstdialog-Check auf der nächsten Seite hilft Ihnen bei der Analyse.

Wenn Sie auf andere Gedanken kommen und sich besser fühlen wollen, ist zunächst der Einsatz der »Gedankenstopp-Technik« (siehe S. 62 f.) sehr nützlich. In einem zweiten Schritt lösen Sie die Selbstgespräche, die für die negativen Gefühle verantwortlich sind, durch liebevolle Selbstgespräche ab. Zeigen Sie sich selbst gegenüber Wertschätzung, und akzeptieren Sie sich so, wie Sie nun einmal sind. Gewöhnen Sie sich an, mit sich selbst so zu sprechen, als hätten Sie es mit dem besten Freund oder der besten Freundin zu tun.

Selbstdialog-Check

Was sagen Sie zu sich selbst, wenn:

… Sie ein Problem erfolgreich gelöst haben?

… Sie ein Problem auch nach mehreren Anläufen nicht lösen konnten?

… Ihnen etwas total misslungen ist?

… Sie sich bei der Arbeit einen schwerwiegenden Schnitzer geleistet haben?

… Ihr Chef Sie kritisiert hat?

… jemand unfreundlich zu Ihnen war?

… Sie sich gesundheitlich angeschlagen fühlen?

… Sie sich auf eine Präsentation, einen Vortrag oder Ähnliches vorbereiten?

Und nun, Hand aufs Herz: Würden Sie das Gleiche auch zu einem anderen Menschen sagen, an dem Ihnen viel liegt? Nein? Wie würden Sie ihm/ihr gegenüber reagieren? Gehen Sie die Fragen noch einmal durch, und geben Sie die entsprechenden Antworten. Vergleichen Sie dann die jeweiligen Antworten miteinander.

Die eigene Wertschätzung strahlt aus

Wenn Sie sich mit allen Ihren Stärken und Schwächen mehr und mehr akzeptieren, werden Sie bemerken, dass sich parallel dazu auch die Qualität Ihrer Beziehungen verändert. Nicht nur, weil Sie sich weniger über sich selbst und Ihre eigenen Unvollkommenheiten ärgern oder grämen, sondern weil Sie mit wachsender Selbstwertschätzung auch gegenüber den Fehlern und Schwächen der anderen um Sie herum toleranter werden. Die eigenen Möglichkeiten und Grenzen deutlicher zu sehen und zu akzeptieren schafft mehr Verständnis dafür, dass auch andere sich nicht aus reiner Böswilligkeit manchmal unangemessen verhalten. Jeder Mensch handelt nur entsprechend seinen Möglichkeiten. Wer auf verletzende Art kommuniziert oder andere häufig runtermacht, hat vielleicht nichts Besseres gelernt. Sie entlasten sich, wenn Sie so etwas nicht mehr gleich persönlich nehmen. Die Kollegin, die zu spät kommt, kommt vielleicht überall zu spät. Deswegen muss sie kein übler Mensch sein. Es geht nur um das Verhalten, nicht um die Person.

Ihre innere Haltung spiegelt sich in der äußerlichen Haltung wider, in Mimik und Gestik, in der gesamten Körpersprache. Wo Sie bislang vielleicht überkritisch zu sich selbst und anderen waren, empfangen Ihre Mitmenschen nun die nonverbalen Signale: »Ich akzeptiere mich selbst« und »Ich akzeptiere dich«. Mit dieser Einstellung senden und empfangen Sie unbewusst auf einer neuen Frequenz. Sie strahlen einfach etwas anderes aus, wenn Sie sich und andere als »okay« betrachten – und nicht als »nicht okay«. Ihre Begegnungen mit Ihren Mitmenschen werden dadurch zusehends erfreulicher verlaufen. Schon allein dies kann die Durchschnittswerte auf Ihrem persönlichen Stimmungsbarometer deutlich ansteigen lassen.

Was Sonntagskinder so besonders macht

Es gibt sie einfach, diese stets gut gelaunten Mitmenschen, bei denen man manchmal den Eindruck hat, dass sie dunkle Stunden gar nicht kennen, und in deren Nähe man sich wohl fühlt, weil ihre sonnige Stimmung auch ein bisschen auf einen selbst abstrahlt. Was aber unterscheidet solche Menschen von chronischen Schwarzdenkern?

- Sie sind davon überzeugt, Dinge selbst beeinflussen zu können, sehen sich als Gestalter ihres Lebens und haben ein ausgeprägtes Selbstwertgefühl.
- Sie nehmen sich und ihre Bedürfnisse ernst, halten sich aber nicht für den Nabel der Welt und können über sich selbst lachen.
- Sie sorgen gut für sich selbst, tun relativ wenige Dinge, mit denen sie sich selbst schaden, und achten im Alltag auf eine gute Balance zwischen Anspannung und Entspannung.
- Sie halten ein gutes Gleichgewicht zwischen dem, was sie haben oder bekommen können, und dem, was sie wollen.

- Sie setzen sich mit Augenmaß eigene Ziele. Sie wissen, dass das Ausreizen der eigenen Talente und Fähigkeiten zu »Flow« und zu Stolz auf die eigene Leistung führt. Sie neigen dabei jedoch nicht zu schädlichem Perfektionismus und überhöhten Ansprüchen an sich selbst.
- Sie sind keine »Gewohnheitstiere«, sondern sind kreativ und neugierig. Statt sich auf eine einzige Sichtweise der Dinge festzulegen, bleiben sie offen für verschiedene Perspektiven und dafür, Alternativen praktisch zu erproben.
- Sie haben einen Draht zu den kleinen Glücksmomenten im Alltag und genießen sie – dabei ist die Häufigkeit und nicht die Intensität entscheidend.
- Sie pflegen ihre Freundschaften und familiären Beziehungen und bekommen daher auch Unterstützung, wenn sie Rat, Tat oder Aufmunterung brauchen. Außerdem glauben sie, dass andere Menschen sie mögen (egal, ob dies wirklich so ist oder nicht).
- Sie können sich und anderen Fehler gut verzeihen und sind nicht nachtragend.

Hingucken und abgucken

Gehen Sie mit offenen Augen durch die Welt, und nehmen Sie bewusst wahr, was gut gelaunte Menschen um Sie herum sagen und tun. Schauen Sie nach den »Trampelpfaden guter Laune«, nutzen Sie also die Wege, die andere schon vor Ihnen gegangen sind, die Erfahrungen und die Schlüsse, die diese gezogen haben. Wie schafft der Kollege es, selbst dann noch guter Stimmung zu sein, wenn um ihn herum das Chaos ausbricht? Was hat die Nachbarin getan, um sich nach der Trennung von ihrem Lebenspartner wieder zu erholen? Wie ist Ihre Freundin damit umgegangen, als dank eines Rohrbruches ihre komplette Wohnung unter Wasser stand? Lassen Sie sich inspirieren, und experimentieren Sie mit neuen Möglichkeiten. Es ist nicht gesagt, dass das, was Ihrem »Vorbild« hilft, auch bei Ihnen wirksam ist – vielleicht aber doch.

Schach dem Vergleichsstress: leben und leben lassen

Im Kapitel 1 war bereits davon die Rede, dass jemand, der sich ständig mit anderen vergleicht, dabei auch häufig den Kürzeren zieht (siehe S. 22 f.). Es gibt immer Menschen, die noch attraktiver, reicher, beliebter usw. sind als man selbst. Je stärker der Drang zum Vergleich ausgeprägt ist, desto mächtiger ist auch der sogenannte Vergleichsstress. Wer das Gefühl hat, andere wären – nach dem persönlich angelegten Wertmaßstab – besser als er selbst, produziert Unzufriedenheit, Rastlosigkeit und das Gefühl, stark unter Druck zu stehen. Im günstigsten Fall schafft diese Unzufriedenheit einen Anreiz, sich mehr anzustrengen, leider führt sie jedoch meist nur zu Missgunst und Ärger über sich selbst.

Dabei können einem die Vergleiche auch von außen quasi aufgezwungen werden, wenn z. B. die Kollegin sagt: »Ach, du hast die Präsentation so gemacht? Dein Vorgänger hat das ja immer anders gelöst.« Da ist es natürlich nicht verwunderlich, wenn man an den eigenen Fähigkeiten zweifelt oder sie zumindest hinterfragt.

ÜBUNG:
Gedanken stoppen … und auf sich selbst konzentrieren

Wann immer Ihnen auffällt, dass Sie sich mit anderen vergleichen, oder aber dass Ihnen Vergleiche von außen aufgezwungen werden, können Sie die Gedankenstopp-Technik gut nutzen (siehe S. 62 f.). Sagen Sie (innerlich oder laut) »Stopp«, klatschen Sie gegebenenfalls in beide Hände, und führen Sie den Gedanken nicht weiter. Stattdessen konzentrieren Sie sich auf sich selbst: Legen Sie eine Hand auf den Solarplexus oder den Bauch, um sich selbst gut spüren zu können. Atmen Sie dann ein paar Mal ruhig und tief durch, und sagen Sie zu sich: »Ich bin jetzt ganz bei mir.«

Wer sich wenig um die Meinung anderer kümmert, ist in seinem wahrgenommenen Selbstwert unabhängiger vom innerlichen Wettbewerb mit anderen. Dennoch ist er dadurch nicht automatisch frei von Vergleichszwängen. Wie wir schon gesehen haben, haben nämlich die meisten Menschen viel zu viele innere Regeln aufgestellt, wie etwas zu sein oder zu funktionieren hätte. Werden sie nicht erfüllt, ziehen sofort Wolken am inneren Horizont auf. Viele dieser Ansprüche an einen selbst sind unrealistisch, z. B. wenn man im Alltag immer, unter allen Umständen und in jeder Hinsicht perfekt sein oder Dinge perfekt erledigen will, so ist das schlicht unerfüllbar. Dieser Anspruch ist außerdem Gift für Toleranz und Gelassenheit anderen gegenüber. Ansprüche und Antreiber kippen vor allem auch dann ins Negative, wenn sie mit einer Steigerung verbunden sind, wenn dahinter die Forderung steht: »Ich sollte noch gründlicher sein!«, »Ich sollte mich noch mehr bemühen!« usw.

Jeder Mensch hat verschiedene innere Regeln – doch ein Zuviel davon erstickt die Lebensfreude.

Entrümpeln Sie Ihre Ansprüche

Betrachten Sie Ihre Notizen zur Übung »Ansprüche und Antreiber erkennen« von S. 25. Welche Ansprüche an sich selbst, welche Ge- und Verbote helfen Ihnen, Ihre Ziele zu erreichen, und welche sind nur gewohnheitsmäßig aufgefahrene Stimmungskiller? Alle, die eigentlich unerfüllbar sind oder Sie nicht weiterbringen, sind potenzielle »Anspruch-Entrümplungs-Kandidaten«.

Viele der Befürchtungen, die hinter den Ansprüchen und Antreibern stehen (»Ich muss…, weil sonst…«) und die bewirken, dass die Ansprüche aufrechterhalten werden, halten glücklicherweise einer Überprüfung in der Wirklichkeit nicht stand; die negativen Konsequenzen existieren meist lediglich in der Vorstellung. Trotzdem ist es oft schwer, sich von Ansprüchen und Antreibern zu verabschieden. Jemand, der meint, perfekt sein zu müssen, kann eben nicht einfach ganz lässig »mal fünfe gerade sein lassen«, auch dann nicht, wenn ihm eine gute Freundin oder die eigene Einsicht dies nahelegen – sonst hätte er es längst getan. Wirksamer ist es, den Ansprüchen und Antreibern »Erlaubnisse« zur Seite zu stellen, die das Diktat des »Sollens«, »Müssens« und »Nicht-Dürfens« mildern und relativieren. Im Beispiel des »Sei perfekt!«-Anspruchs könnte so eine Erlaubnis lauten: »80 Prozent sind okay; es müssen keine 100 sein« oder »Ich darf auch Fehler machen. Aus jedem Fehler lernt man«. Wo Sie bisher vielleicht versucht hatten, so viel wie möglich in immer kürzerer Zeit zu schaffen, begrenzen Sie nun die Anzahl Ihrer Aufgaben. Sie suchen bewusst nach vertrauenswürdigen Menschen und delegieren weniger Wichtiges an sie – ohne sie hinterher noch einmal kontrollieren zu wollen. Dabei sagen Sie sich, dass das völlig okay so ist. Auch im Spannungsfeld Job – Partnerschaft – Familie gestehen Sie sich nun Unvollkommenheiten zu – ab und zu ist eben mal Chaos in der Küche und nicht jeder Nebensatz in jedem Besprechungsprotokoll ist sprachlich geschliffen.

Wenn Sie viele Antreiber und hohe Ansprüche an sich selbst haben, dann geben Sie sich vor allem auch die innere Erlaubnis, sich wohlfühlen zu dürfen. Kleine Pausen zu machen, eine halbe Stunde täglich etwas für sich zu tun, das macht Sie nicht zu einem minderwertigen Menschen, sondern sorgt für die kleine Prise Sonnenschein zwischendurch, die Sie gerade an einem stressreichen Arbeitstag brauchen. Sie müssen nicht alles erledigt haben, bevor Sie sich etwas gönnen dürfen. Sie müssen auch nicht besser, schöner, klüger als alle anderen sein, damit Sie sich liebenswert fühlen dürfen.

Ganz wichtig: Stellen Sie Ihren persönlichen inneren Antreibern Erlaubnisse zur Seite!

Geben Sie sich die Generalerlaubnis, so völlig in Ordnung zu sein, wie Sie sind, und Sie werden spüren, wie Druck und Spannung nachlassen: »Grundsätzlich darf ich alles und muss gar nichts. Es gibt aber viele Dinge, die vernünftig und sinnvoll sind, und die mein Leben besser, schöner und glücklicher machen. Und davon lade ich die, die mir besonders guttun, in mein Leben ein.« Welchen Unterschied würde das bei Ihnen machen, so zu denken?

Entscheidungen lenken Ihr Leben

Gute-Laune-Training hat viel mit bewussten und stimmigen Entscheidungen zu tun. Wer sich klar für oder gegen etwas entscheidet, verbringt weniger Zeit mit lähmendem Grübeln oder nutzlosem Ärger. Trotzdem werden viele Entscheidungen vor allem deswegen immer wieder vertagt, weil man etwas verändern, gleichzeitig aber die Vorteile der bisherigen Situation beibehalten möchte. Und das geht eben nicht. Jede Entscheidung für etwas ist gleichzeitig eine Entscheidung gegen etwas anderes. Ziehen Sie für Ihre große Liebe um, so heißt das eben meist leider auch, dass Sie die Freunde an Ihrem bisherigen Wohnort nicht mehr so oft werden sehen können.

Entscheidungen zu treffen birgt stets das Risiko des Ungewissen. Erst im Nachhinein erweist es sich, ob Sie die für Sie vorteilhafteste Option gewählt oder »danebengelangt« haben. Trotzdem sollten Sie beherzt fällige Entscheidungen anpacken, denn: Keine Entscheidung ist auch eine Entscheidung. Was Sie nicht selbst entscheiden, wird manchmal ohne Ihr Zutun entschieden, und das ist dann selten zu Ihrem Besten. Treffen Sie daher Ihre Entscheidungen sehr bewusst und überlassen Sie sie nicht anderen Menschen oder gar dem Zufall.

Anstatt endlos zu grübeln, sollten Sie lieber gezielt Entscheidungen treffen – es lohnt sich!

Klarheit gewinnen

Manchmal müssen Entscheidungen auch erst reifen, oder es fehlen noch wesentliche Fakten, damit man eine Situation richtig einschätzen und Optionen beurteilen kann. Klarheit zu gewinnen über das, was Sie wollen und was Sie nicht oder nicht mehr wollen, bringt meist auch schon dann spürbare Erleichterung, wenn sich noch keine konkrete Idee oder Lösung abzeichnet, wie Sie die Dinge künftig anders handhaben könnten. Vereinbaren Sie mit sich selbst eine deutlich begrenzte Bedenkzeit, innerhalb derer Sie noch Fehlendes für

Ihre Entscheidungsfindung ausfindig machen. Sammeln Sie alle notwendigen Informationen, die Ihnen mehr Klarheit über Ihre Handlungsmöglichkeiten geben, beraten Sie sich mit guten Freunden, eventuell Experten zu diesem Thema aus Ihrem Bekanntenkreis oder recherchieren Sie im Internet. Mit einer klareren Sicht auf die Situation werden neue Perspektiven deutlich, mittels derer Sie sich aus einer oft lähmenden und stimmungsvernichtenden Leidenshaltung herauslotsen können.

ÜBUNG:
Pro & contra Veränderung

Zeichnen Sie auf ein Blatt Papier eine Tabelle mit drei Spalten:
- In die erste Spalte schreiben Sie alle Dinge, die Sie zurzeit in Ihrem Leben fürchterlich finden.
- In die zweite Spalte schreiben Sie alle Gründe, die dafür sprechen, die jeweilige Sache auf jeden Fall zu ändern.
- In die dritte Spalte schreiben Sie hingegen alle guten Gründe, warum Sie die Sache auf gar keinen Fall ändern sollten.

Prüfen Sie genau, was es für Sie bedeutet, die jeweilige Situation unverändert zu lassen, und was, sie anzugehen. Alles, was Sie nicht ändern wollen, sollten Sie anzunehmen lernen. Alle Bereiche, in denen Sie gute Gründe für eine Veränderung gefunden haben, können Sie zu Ihren nächsten Zielen machen. »Richtig« ist dabei das, was gut für Sie ist, was Sie persönlich weiterbringt.

Es kann auch mal vorkommen, dass Sie beim Abwägen gleich gute Gründe für und gegen eine Veränderung finden. Überlegen Sie, ob die Nachteile aus der aktuellen Situation oder Ihre Gründe gegen eine Veränderung schwerer wiegen. Und: Fragen Sie Ihr Herz! Oft geht es gar nicht darum, dass in einer Spalte mehr gute Argumente stehen als in der anderen, sondern Sie wissen intuitiv, welche Entscheidung für Sie stimmig ist. Welche der Alternativen kommt Ihren Vorstellungen von einem gut gelebten Leben näher?

Treffen Sie eine Wahl – auch wenn es mal schiefgeht

Ihre heutige Lebensqualität resultiert also aus vielen Ihrer bisher getroffenen Entscheidungen, und jede davon wurde von Ihren inneren Werten bestimmt. Offenbar erschien Ihnen der jeweilige Weg, den Sie gewählt haben, zu diesem Zeitpunkt lohnender oder gangbarer als jene Wege, die Sie eben – aus guten Gründen – verworfen haben.

Natürlich werden Sie sich bei aller Umsicht gelegentlich auch falsch entscheiden. So haben Sie eventuell vorschnell ein Auto gekauft, mit dessen Macken Sie sich jetzt herumschlagen, oder unüberlegt eine Reise gebucht, die Sie sich eigentlich nicht leisten können. Das ist die Stunde der Schuldgefühle und der Selbstvorwürfe: »Hätte ich doch…«, »Wie konnte ich nur…« usw. Denken Sie lieber nach vorn, und überlegen Sie, welche Konsequenzen zu ziehen sind. Sie können etwa das Auto weiterverkaufen und die Reise stornieren oder an anderer Stelle sparen, um den Urlaub zu retten.

Nicht immer lassen sich aber ungünstige Entscheidungen revidieren. Manchmal können Sie einfach nur für die Zukunft aus ihnen lernen. Das Risiko, sich falsch zu entscheiden, ist kein Argument dafür, Entscheidungen dem Zufall oder anderen zu überlassen – da ist das Risiko einer ungünstigen Lösung wesentlich größer für Sie. Trainieren Sie also Ihren Entscheidungs»muskel«! Fehler gehören dazu. Je mehr Sie Ihr Leben selbst in die Hand nehmen, umso mehr werden Sie nicht nur an Lebensfreude, sondern auch an Sicherheit gewinnen. Und: In dem Maße, wie Sie Ihre Entscheidungsfähigkeit trainieren, wächst auch Ihre Entscheidungsfreudigkeit.

Pro-aktiv statt re-aktiv handeln

Entscheidungen treffen und aktiv werden schafft gute Laune: Das gilt für körperliche Betätigung ebenso wie dafür, anstehende Aufgaben anzupacken. Wenn Sie längere Zeit bewegungslos auf Ihrem Stuhl sitzen, sinkt nicht nur der Blutdruck, sondern auch die Stimmung. Die Praxis beweist, dass dagegen allein das In-die-Gänge-Kommen unterbewusst schon als eine Art Erfolg gewertet wird. Wenn es gar nicht um Konflikte geht, sondern Sie eher ganz diffus unzufrieden sind, dann machen Sie eine Bestandsaufnahme. Fragen Sie sich: Bestimme ich über die Umstände in meinem Leben oder bestimmen die Umstände mich? Mit der Übung »Auf dem Weg zur Selbstbestimmung« auf der nachfolgenden Seite können Sie einschätzen, in welchen Bereichen Ihres Lebens Sie eigenständig handeln können, also pro-aktiv sind, und wo Sie eher der oder die Re-Agierende sind. Mittels dieser Einschätzung lässt sich nicht nur der Istzustand festhalten, sondern sie kann auch Ausgangspunkt für Veränderungen sein.

Eine Bestandsaufnahme hilft dabei, die Bereiche, in denen Sie selbst- bzw. fremdbestimmt sind, deutlicher zu erkennen.

Wie Sie dabei vorgehen, hängt vom konkreten Fall ab. Geht es etwa um den Arbeitsplatz, der Ihrem Potenzial und Ihren Bedürfnissen nicht gerecht wird, zu dem Sie aber keine Alternative sehen? Lassen Sie sich von Experten beraten. Besuchen Sie Messen Ihrer Branche, und knüpfen Sie Kontakte. Schauen Sie sich Job- und Qualifizierungsangebote im Internet an. Überprüfen Sie die Möglichkeiten, sich eventuell selbstständig zu machen. Häufig liegt der Gewinn dabei nicht in einer Lösung, die alle Schwierigkeiten beseitigt, sondern in der Erfahrung, dass ein Problem automatisch schrumpft, wenn man sich ihm stellt. Ein Großteil an Unzufriedenheit, Blockierung und Lähmung rührt daher, dass Probleme geschoben statt angegangen werden. Oft tun sich Alternativen auf, die einem entgangen sind, solange man nur ab und zu im häuslichen Sessel nachgegrübelt hat. Man lernt interessante Menschen kennen, erhält neue Informationen und erlebt, dass man aktiv handelnd durchaus auf die Dinge Einfluss nehmen kann. Die beherzte Auseinandersetzung mit Problemen – unabhängig davon, ob am Ende eine Entscheidung und eine Veränderung anstehen oder nicht – gibt Ihnen das Gefühl, wieder HerrIn der Lage zu sein und nicht mehr von den Umständen wie ein Blatt im Wind herumgewirbelt zu werden.

Auf dem Weg zur Selbstbestimmung

Machen Sie einen Kurz-Check Ihrer hauptsächlichen Lebensbereiche, und bewerten Sie auf einer Skala von 1 bis 10, inwiefern Sie hier die Zügel in der Hand halten. Dabei bedeutet:

 1 = hier bestimmen die Umstände
10 = hier bestimme ich

Lebensbereich:

Lebensbereich		
Partnerschaft	1	10
Familie	1	10
Freunde	1	10
Arbeitsalltag	1	10
Karrieremöglichkeiten	1	10
Finanzen	1	10
Wohnen	1	10
Freizeit	1	10
Hobbys	1	10
Aussehen	1	10
Gesundheit	1	10

Sie werden feststellen, dass hohe Punktzahlen Sie eher unternehmungslustig und optimistisch und niedrige Punktzahlen Sie eher verdrossen stimmen. Markieren Sie alle Bereiche, in denen Sie nach Ihrer gefühlsmäßigen Einschätzung weniger als eine Fünf auf der Skala erreicht haben. Überlegen Sie, wo prinzipiell Änderungen möglich wären, und schätzen Sie den Aufwand dafür ein.

Dann erstellen Sie eine Rangfolge: Was am leichtesten zu ändern ist, kommt an den Anfang. In der Folgezeit beschäftigen Sie sich nur mit diesem ersten Punkt. Überlegen Sie, wie Sie die Situation für sich so verbessern können, dass Sie mehr und mehr HerrIn der Umstände werden. Dann unternehmen Sie Schritte zur Verwirklichung. Sobald Sie alles erreicht haben, was möglich war, nehmen Sie sich den nächsten Punkt vor.

Die Kunst des Loslassens oder »Love it, change it or leave it«

Entscheidungen sind stets mit Loslassen verbunden. Wer neue Wege geht, lässt Altes hinter sich und steht damit oft auch vor der Aufgabe, sich von bisherigen Vorstellungen und Einschätzungen innerlich und äußerlich zu lösen. Ein gut handhabbares Instrument, schlüssige Entscheidungen zu treffen, ist die Formel »Love it, change it or leave it« – zu Deutsch: Wenn Ihnen etwas nicht gefällt, dann:

- freunden Sie sich entweder damit an (= love it),
- ändern Sie etwas daran (= change it) oder
- lassen Sie es los (= leave it).

Dieses Instrument eignet sich nicht nur dazu, einen »Entscheidungs-Stau« zu bewältigen, das heißt, Dinge, über die Sie bisher fruchtlos gegrübelt haben, anzugehen, sondern auch, sich aktuell zu entschließen, etwas Bestimmtes zu tun oder zu lassen. Besondere Wirksamkeit entfaltet es beim mentalen Entrümpeln. Damit sind die Dinge gemeint, die wiederholt auf Ihre Stimmung drücken, beispielsweise bislang ungelöste Probleme und Konflikte. Auch früher Erlebtes und Erlittenes kann gehörig auf das Gemüt drücken und als Wolkenschatten die innere Landschaft verdüstern. Vor allem Enttäuschungen, Kränkungen und erlittene Ungerechtigkeiten sind zählebig. Wenn die Gedanken immer wieder um schlimme oder kränkende Ereignisse kreisen – auch wenn sie schon Wochen, Monate oder sogar Jahre zurückliegen –, dann hat es jeder Sonnenstrahl schwer, durch die aufgetürmten Wolkenmassen zu dringen.

Hier gilt es, Klarschiff zu machen, damit alte Erinnerungen Ihnen nicht länger bei der Gestaltung der Gegenwart und der Planung von Zukünftigem im Weg stehen. Statt weiter mit Ihrer Situation zu hadern, anderen die Schuld zu geben, sich zu beklagen oder zu ärgern, dass es nicht nach Ihren Wünschen geht, denken Sie Ihr Problem in den drei Alternativen »Love it, change it or leave it« gründlich durch, um anschließend eine Entscheidung zu treffen.

Love it

Wie sieht es aus, wenn Sie sich mit der Situation anfreunden? Den ungeliebten Job akzeptieren? Die Rushhour hinnehmen? Sich nicht länger von den Macken Ihrer Freundin genervt fühlen? Zielführende Fragen dazu sind:

- Welche guten Seiten hat die Sache, die Situation, der Mensch?
- Wie kann ich es besser akzeptieren?
- Welche Wege gibt es, um passender damit umzugehen?
- Wie kann ich es mir erträglicher machen?
- Kann ich ein Spiel daraus machen?

Change it

Wollen und können Sie etwas verändern? Statt mit dem Auto künftig mit dem Bus fahren? Kathrin ein Feedback geben, wie was bei Ihnen ankommt und was genau Sie sich von ihr wünschen würden? Zielführende Fragen dazu sind:

- Was genau soll anders werden?
- Was ist erforderlich, es zu verändern, was brauche ich dazu?
- Kann mir jemand dabei helfen, Änderungen herbeizuführen?
- Wie gehe ich vor und bis wann will ich es umsetzen?

Leave it

Wollen Sie der Situation gänzlich den Rücken kehren? Aufbrechen zu neuen Ufern? Den ungeliebten Job verlassen? In die Stadt ziehen, um morgens nicht mehr zum Arbeitsplatz pendeln zu müssen? Den Kontakt mit Kathrin abbrechen? Zielführende Fragen dazu sind:

- Will ich dieses Kapitel abschließen?
- Geht das ohne zu große Nachteile, Risiken oder Verluste?
- Welche Schritte sind dazu notwendig?
- Bis wann will ich das verwirklichen?

Wenn Sie so vorgehen, tritt Entschlossenheit an die Stelle der bisherigen Grübelei. Sie entwickeln eine Vorstellung davon, wie Sie mit den Dingen, die bislang Gegenstand von endlosem Hin und Her gewesen sind, künftig umgehen werden. Dadurch, dass Sie bewusst eine Wahl treffen und eine Richtung einschlagen, kommen Sie vom Denken ins Tun, und das entlastet enorm.

Meist fallen Entscheidungen dann leichter, wenn man einschätzen kann, was »richtig« ist. Noch einmal: Richtig ist das, was Sie weiterbringt, was Ihnen guttut und langfristig für eine sonnige innere Großwetterlage sorgt.

ÜBUNG:

»Love it – change it – leave it«: So funktioniert's!

Nehmen Sie Ihre Notizen zur Übung »Sorgenliste aufstellen« aus Kapitel 1 (siehe S. 14), wieder zur Hand, und überprüfen Sie, an welchen Punkten Sie ein »U« für »unbeeinflussbar« und an welchen Sie ein »Ä« für »ändern« gesetzt hatten.

Gehen Sie jetzt die Liste noch einmal durch, und überlegen Sie sich, ob auch Dinge darunter sind, die Sie eigentlich weder akzeptieren noch ändern, sondern von denen Sie sich ganz abwenden möchten, und kennzeichnen Sie diese mit einem »L«.

Für die »U«s gilt: »Love it«. Malen Sie ein Herzchen hinter jeden der Punkte in der Abteilung »Unbeeinflussbar«, und gehen Sie die Punkte mit der Love-it-Fragenliste auf S. 100 durch.

Für die »Ä«s gilt: Versehen Sie jeden Punkt in der Abteilung »Ändern« mit einem kräftigen Pfeil, und finden Sie Antworten auf die Fragen unter »Change it« auf S. 100.

Alle »L«s erhalten einen Schmetterling und werden mit den Fragestellungen zum Bereich »Leave it« auf S. 100 bearbeitet.

Schreiben Sie anschließend zu jedem der Punkte, bis wann Sie die entsprechende Entscheidung umgesetzt haben wollen.

Reinigende Gewitter: Dampf ablassen – aber ohne Wirbelsturm!

Ärger und Zorn sind elementare Gefühle und gehören genauso wie Angst oder Ekel zur Überlebensausstattung unseres Gehirns. Zorn drückt sich nicht nur in Extremereignissen wie Mord, Überfall, Rebellion, Krieg und Terror aus, sondern zeigt sich auch bei ganz alltäglichen Geschehnissen: bei der Reaktion auf den x-ten unerbetenen Anruf des Tages, der Reaktion auf den Autofahrer, der uns die Vorfahrt nimmt, oder der Reaktion auf den Partner, der wieder einmal viel später nach Hause gekommen ist als versprochen. Zorn ist eines unserer häufigsten Gefühle, und das nicht ohne Grund: Er ist die angemessene Reaktion auf Ungerechtigkeit und Benachteiligung oder einen Angriff auf die Persönlichkeit. Nicht Ärger und Zorn an sich sind also das Problem, sondern diese Gefühle angemessen auszudrücken.

Bahnt sich Ärger an? Diesen empfinden wir meist als angemessenes und berechtigtes Gefühl.

Eines hat die Hirnforschung eindeutig geklärt: Es ist nicht hilfreich, negative Emotionen einfach »herauszulassen«. In einem Streit den »Gegner« wüst zu beschimpfen entlastet nicht wirklich, sondern setzt lediglich einen klar nachweisbaren Lerneffekt in Ihrem Gehirn in Gang, der Ihre Reaktionen fest mit der Situation verbindet. Jedes Mal, wenn Sie auf eine bestimmte Weise reagieren, steigt die Wahrscheinlichkeit, dass Sie es das nächste Mal wieder so tun werden, denn Sie sind bereits auf dem Weg, dieses Verhalten zu trainieren. Beim nächsten falschen Wort werden Sie erneut den anderen anschreien. Wutanfälle steigern die Wut, so wie Tränenausbrüche einen tiefer in das seelische Tief hineinsteuern.

Was also tun? Sich alles gefallen zu lassen kann's auch nicht sein, denn dann landen Sie wieder beim gespeicherten Groll, und zudem würde dies auf Dauer erheblich an Ihrem Selbstwertgefühl zerren. Vielmehr geht es darum, den Zorn oder die Wut erst gar nicht zu einem unkontrollierbaren Sturm anwachsen zu lassen.

Nutzen Sie Ihren Handlungsspielraum

Vielleicht denken Sie, dass Sie nur auf eine bestimmte Art und Weise reagieren können, weil Sie »eben so sind, wie Sie nun einmal sind«. Tatsächlich aber haben Sie meist verschiedene Möglichkeiten, zu reagieren. Sie müssen sich beispielsweise nicht über sich selbst aufregen, und Sie müssen sich auch nicht schlecht fühlen, nur weil jemand Sie kritisiert hat. Mit Kritik beispielsweise können Sie ganz unterschiedlich umgehen. Reagieren Sie vielleicht gewohnheitsmäßig verärgert oder niedergedrückt, verbauen Sie sich damit auch Lernmöglichkeiten. Wenn Sie jedoch offen für Veränderungen sind, dann werden Sie auf eine Kritik ganz anders reagieren, z. B. neutral nachfragen, was der andere genau meint. Falls es sich nicht um einen Miesmacher handelt, der »nur so« herumgemeckert hat, dann lernen Sie möglicherweise etwas dazu, was Ihnen nützlich sein kann.

Überlegen Sie, in welchen Situationen Sie das Gefühl haben, Sie könnten gar nicht anders reagieren, als Sie es gewöhnlich tun. Vielleicht gibt es zwischen Ihnen und Ihren Eltern oder im Verhältnis zu einer Arbeitskollegin in manchen Situationen solche festgefahrenen Reaktionsweisen, die Stimmungskiller für Sie oder auch für alle Beteiligten sind. In Situationen, in denen Sie bisher vielleicht »um des lieben Friedens willen« automatisch klein beigegeben haben (um sich im Stillen dann

Ihnen stehen viel mehr Möglichkeiten zur Verfügung, als Sie anfangs vielleicht denken. Machen Sie davon Gebrauch!

fürchterlich über sich selbst zu ärgern), beziehen Sie nun öfter mal Stellung und sagen etwas wie: »Also, aus meiner Sicht…« oder »Ja, so kann man das durchaus sehen, doch ich denke, dass…« und geben zu erkennen, dass Sie Ihre eigene Betrachtungsweise als genauso gültig werten wie die von jemand anderem.

Je mehr Sie Ihren Verhaltensspielraum und die Ihnen zur Verfügung stehenden Reaktionsmöglichkeiten erweitern, umso weniger fühlen Sie sich Ihrem bisherigen »Standardverhalten« ausgeliefert, und umso klarer und angemessener lernen Sie auch zu reagieren.

Beginnen Sie stets bei sich selbst!

Wer sagt Ihnen denn, dass Sie sich über die Kritik des Kollegen ärgern müssen? Wer bringt Sie dazu? Niemand, wirklich niemand hat effektiv die Macht, Sie zu verärgern oder Ihnen den Tag zu ruinieren. Nicht von ungefähr heißt es: »Ich ärgere mich…« Sie müssen sich aber nicht ärgern. Sie können es auch sein lassen. Was würde beispielsweise geschehen, wenn Sie stattdessen ruhig, freundlich und gelassen blieben? Sie selbst entscheiden über Ihre Gedanken und Gefühle. Wenn Ihnen also wieder etwas oder jemand in die Quere kommt, bemühen Sie sich, nicht impulsiv Ihrem Unmut Luft zu machen oder es nur still zu ertragen, sondern halten Sie erst einmal kurz inne, um das Geschehen zu reflektieren. Fragen Sie sich: Was genau heißt das jetzt? Z. B. in Bezug auf die nette Kollegin Birgit, die aber ständig zu spät zu Besprechungen kommt – ist hier Ärger angesagt, ja oder nein? Und wenn ja: wie gehe ich damit um?

Ärger: akzeptieren oder ändern?

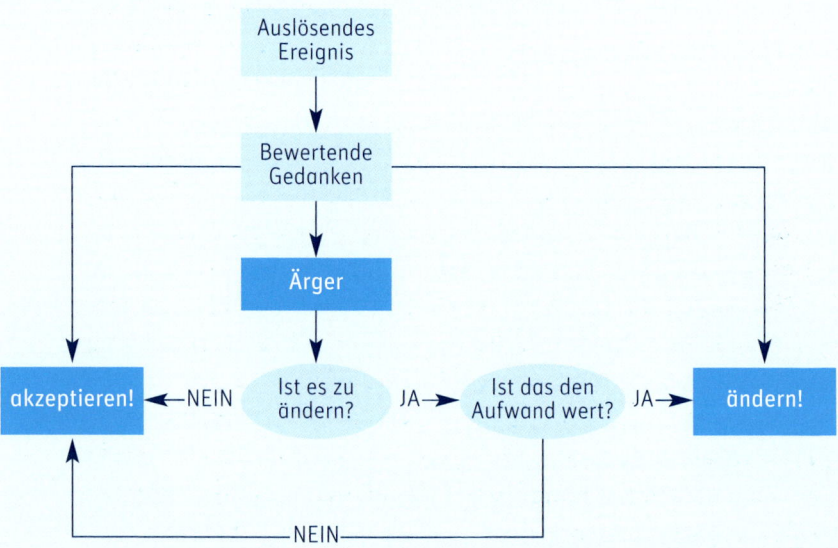

Ärger ex & hopp in drei Schritten

Meist ist es nicht die Person an sich, die in Ihnen den Ärger hervorruft, sondern die Art und Weise, wie sie sich verhält. Schaffen Sie Abstand, indem Sie einige Male tief durchatmen, und beginnen Sie damit, die Person getrennt von ihrem Verhalten zu betrachten.

Wenn Sie davon ausgehen, dass Ihre Kollegin sich nicht »einfach so« oder aus Bosheit heraus so verhält, dann können Sie die Sache viel lockerer und mit viel mehr Aussicht auf Erfolg angehen. Sie denken also nicht: »Diese blöde Trine …«, sondern: »Es geht nicht, dass Birgit fast jedes Mal zu spät kommt, so sitzen wir eine Viertelstunde herum, bevor wir in die Tagesordnung einsteigen können«.

Dann schlüpfen Sie vorübergehend in die Schuhe Ihrer vermeintlichen »Gegnerin«: Fragen Sie sich, wie die Situation sich aus Ihrer Sicht wohl darstellen mag. Ist sie einfach nur schusselig? Stehen die Meetings in Birgits persönlicher Prioritätenliste ziemlich weit hinten? Durch diesen Blickwechsel können Sie möglichen eigenen Fehlinterpretationen schneller auf die Spur kommen und eventuell auch mehr Verständnis für die Situation des anderen entwickeln. Dies verhindert, dass Sie einfach nur aus der Haut fahren oder das Verhalten still und stumm weiter ertragen. Wichtig dabei: Die Situation aus der (vermuteten) Perspektive des anderen zu betrachten heißt nicht, dass Sie etwas schönfärben, zudecken oder sogar Ihren Standpunkt aufgeben – auch wenn Sie den anderen verstehen, müssen Sie nicht seine Ansichten übernehmen!

Oft nützt es schon, eine vertrackte Situation aus der Perspektive anderer Beteiligter zu betrachten.

Jetzt ist es wichtig, dass Sie sich darüber klar werden, welches Ihrer Bedürfnisse Birgit mit ihrem Verhalten verletzt hat. Sie denken beispielsweise »Es ist mir wichtig, pünktlich anzufangen, ich will keine Zeit mit Warten vertrödeln«. Und das gilt es nun offen anzusprechen. Bei der nächsten Sitzung sagen Sie ganz ruhig: »Ich möchte bitte, dass wir künftig Punkt 10.00 Uhr mit unserer Besprechung anfangen, auch dann, wenn wir noch nicht vollzählig sind.«

Ärger ex & hopp in drei Schritten

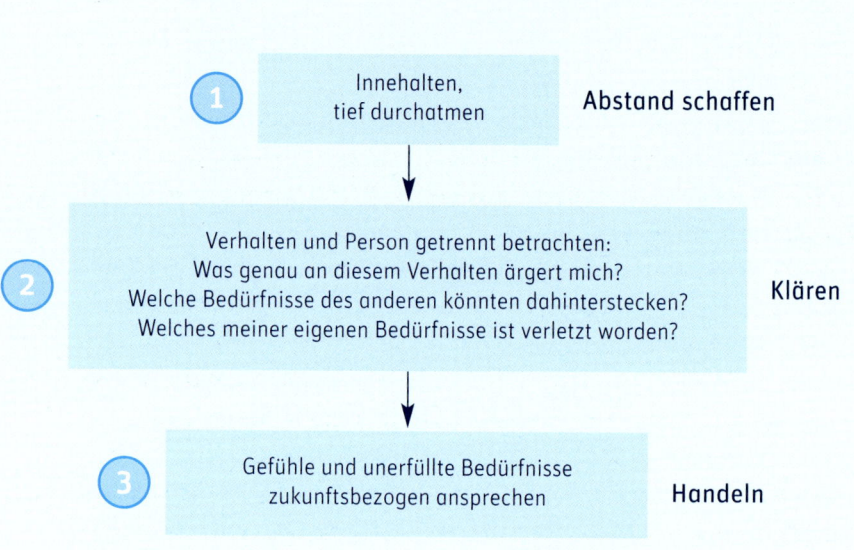

Natürlich können Sie auch das Gespräch mit der Kollegin selbst suchen. Dies sollte jedoch nicht »zwischen Tür und Angel« geschehen, sondern mit Ruhe und an einem Ort, an dem Sie ungestört sind. Die Kaffeeküche ist hierfür kaum geeignet. Wichtig ist außerdem, dass Sie Ihr Gegenüber nicht angreifen, verurteilen oder in die Ecke drängen, sondern offen für die Sichtweise des anderen bleiben. Die Chancen, dass die Äußerung Ihrer Wünsche und Vorstellungen auf fruchtbaren Boden fällt und angenommen wird, sind umso höher, je weniger bedrängt sich Ihr Gegenüber von Ihnen fühlt.

Keine Frage: Ärgergefühle werden immer wieder mal auftauchen. Sie haben, wie alle Gefühle, einen Platz in Ihrem Leben. Wichtig ist, sie für das eigene Handeln fruchtbar zu machen, so dass sie entweder, wie dunkle Wolken am Himmel, schnell vorbeiziehen können oder sich in einem konstruktiven Gewitter entladen, einer klärenden Aussprache, nach der die Dinge für alle Beteiligten besser stehen als zuvor.

Achtung, Energievampire rauben die Kraft!

Zu akzeptieren, dass Menschen so sind, wie sie sind, ist das eine – zu entscheiden, mit wem Sie zu tun haben wollen und mit wem nicht, ist das andere. Bei manchen Zeitgenossen fällt es schon schwer, eine kooperative Haltung zu pflegen, bei anderen ist es nahezu unmöglich – vor allem bei jenen, die glauben, das Recht zu haben, ihrer Umgebung ihr spezielles Weltbild aufzudrücken. Es gibt diese Menschen, die andere ungefragt mit ihren Problemen behelligen, die einem die Zeit rauben und sich ständig in den Mittelpunkt stellen und die offenbar gestärkt aus einer Begegnung herausgehen, während man selbst in den Seilen hängt. Solche Energievampire sind vor allem eines: anstrengend. Spätestens nach einem halbstündigen Kontakt fühlt man sich ausgelaugt, müde und deprimiert. Zu dieser weitverzweigten Spezies gehören speziell auch die vier »M«: Miesepeter, Miesmacher, Maulhelden und Mimosen.

Miesepeter meiden

Schlechte Laune steckt an. Schließlich können Sie, wenn etwa ein Kollege häufig jammert, ja nicht einfach darüber hinweggehen. Also fühlen Sie mit – und schon brauen sich die düsteren Wolken auch über Ihrem Kopf zusammen. Miesepeter pflegen endlos über Probleme zu reden. Sie denken auch an fast nichts anderes. Meiden Sie also den Kontakt mit solchen Menschen, wo immer möglich.

Aber auch wenn Ihnen selbst momentan der innere Sonnenschein fehlt: Machen Sie sich lieber auf die Suche nach einer Frohnatur, die Sie mit ihrem Optimismus aus dem Stimmungstief zu reißen vermag, als dass Sie gemeinsam mit anderen schlecht Gelaunten über Gott und die Welt klagen. Befassen Sie sich zusammen mit optimistischen Zeitgenossen mit möglichen Lösungen, dann färbt das auch auf Sie ab, und Sie werden wieder kreativer und zuversichtlicher.

Miesmacher links liegen lassen

Der Miesmacher unterscheidet sich vom Miesepeter dadurch, dass er weniger über sein eigenes Geschick jammert, sondern eher darauf bedacht ist, Ihnen die gute Stimmung zu entreißen. Sein Lieblingsinstrument ist die »Ach-das-ist-doch-gar-nichts«-Methode. Sie fahren an die Ostsee? Ach, das ist doch gar nichts, er fliegt in die Karibik. Sie erzählen begeistert von Ihrem Qi-Gong-Kurs. Qi Gong? Ach was, alter Hut für den Miesmacher. Er bemerkt vielleicht noch so nebenbei, dass heutzutage Kreti und Pleti meinen, irgendetwas aus der Traditionellen Chinesischen Medizin machen zu müssen.

Das Wichtigste: Lassen Sie sich vom Miesmacher nicht herunterziehen! Sagen Sie lieber etwas wie: »Tja, ich mache das so, Sie entscheiden sich anders, jeder von uns hat eben seine Maßstäbe, nicht wahr?«, und haken Sie das Thema ab. Versuchen Sie nicht, Ihre Wahl zu »rechtfertigen« oder womöglich in einen »Erlebniswettstreit« zu treten – der Miesmacher hat seine Methode meist in jahrzehntelanger Kleinarbeit perfektioniert.

Maulhelden sich selbst überlassen

Maulhelden brauchen Publikum und suchen es sich daher ganz gezielt – aber wollen Sie wirklich Teil seiner Zuhörerschaft sein? Eines haben Maulhelden und Miesmacher gemeinsam: Sie wollen Neid erzeugen und können anderen einfach nichts Gutes gönnen. Während aber der Miesmacher spitzzüngig und besserwisserisch gern andere dumm dastehen lässt, protzt der Maulheld mit seinen Erlebnissen, Einkäufen, Beziehungen, seinen Plänen … – die allesamt natürlich sensationell sind – und drängt damit andere in den Schatten.

Es kann ziemlich anstrengend werden, wenn der Maulheld zum viertelstündigen Monolog ausholt, denn wenn er sich einmal richtig warmgeredet hat, ist er kaum mehr zu bremsen. Da hilft nur noch eines: sich unter einem Vorwand verabschieden – sofern Sie es überhaupt schaffen, zu Wort zu kommen …

Mimosen beim Wort nehmen

Typisch für die Mimose ist, dass sie sehr empfindlich ist, so dass man leicht den Eindruck gewinnt, sich ihr gegenüber auf Glatteis zu bewegen. Ebenso typisch ist, dass sie sich plötzlich abwendet, Ihnen körpersprachlich signalisiert, dass etwas nicht in Ordnung ist, Ihnen aber gleichzeitig keine Chance gibt, das zu klären. Wenn Sie nachfragen: »Ist irgendetwas?« oder »Hab' ich Sie jetzt irgendwie gekränkt?«, ernten Sie eine pikierte Entgegnung: »Wieso? Was soll denn sein?«, wobei die beleidigte Miene aber bleibt und Sie sich anschließend den Kopf darüber zerbrechen, was Sie denn (wieder) Verkehrtes getan haben könnten.

Bei ihrem nächsten Rückzug könnten Sie die Mimose dann einfach beim Wort nehmen: »Es ist nichts, okay. Dann bin ich beruhigt. Ich habe schon befürchtet, irgendetwas sei nicht in Ordnung.« Nach dieser Äußerung betrachten Sie die Angelegenheit als erledigt, das heißt, Sie verhalten sich so, als sei für alle Beteiligten alles wirklich völlig okay. Möglicherweise kommt die Mimose daraufhin überraschend schnell wieder aus ihrer Schmollecke hervor.

Kontakt mit Energievampiren – lohnt sich das überhaupt?

Energievampire haben generell einiges gemeinsam: Meist betrachten sie sich und ihre Weltsicht als absolut und können schlecht nachvollziehen, dass andere Menschen andere Werte, Prioritäten und Maßstäbe haben als sie selbst. Weil sie stark um sich selbst kreisen, können sie sich schwer in andere Menschen und deren Sicht der Dinge einfühlen. Deswegen ist auch ein ausgewogenes Geben und Nehmen hier nicht möglich. Im Kontakt mit Energievampiren werden Sie viel Zeit und Kraft investieren und wenig Erfreuliches dafür zurückbekommen. Lohnt sich also so eine Bekanntschaft? Oder ist es dagegen nicht viel sinnvoller, Ihre Zeit den Kontakten zu widmen, die Sie auch genießen können?

Gute Beziehungen knüpfen und pflegen

Gute Beziehungen entstehen dann, wenn »die Chemie stimmt«. Dazu gehören Sympathie, wechselseitige Wertschätzung und viele Übereinstimmungen in persönlichen Werten und Überzeugungen ebenso wie Offenheit und Vertrauen im Gedankenaustausch miteinander. Klar, das geht nicht mit jedem. Manche Menschen liegen uns mehr als andere. Doch sind gute Beziehungen ein wichtiger Faktor für eine stabile, positive Stimmungslage.

Man fühlt sich oft dann besonders gut drauf, wenn man zusammen mit Gleichgesinnten etwas erleben und vieles mit ihnen teilen kann. Liebe, Freundschaft, Team- und Mannschaftsgeist sind auch im Zeitalter des Individualismus ausgesprochen stimmungsfördernd. Gemeinschaftserlebnisse schaffen Abstand vom Alltag. Sie helfen dabei, loszulassen und sich zu entspannen. Das Zusammensein mit vertrauten, wohlwollenden Menschen tut einfach gut, gerade dann, wenn mal der Missmut dominiert. Meist steigt die Stimmung auf dem Barometer schon etwas bei der Aussicht, dass da jemand ist, bei dem man ein offenes Ohr und viel Verständnis für Ärger und Missgeschicke findet. Und natürlich

Etwas gemeinsam mit lieben Menschen zu tun macht viele Unternehmungen erst so richtig reizvoll.

kann man mit anderen zusammen auch jede Menge Spaß haben. Mit dem einen schwitzen wir beim Jogging nach Feierabend, mit der anderen treffen wir uns gerne zum gemütlichen Plausch und mit wiederum anderen unternehmen wir einen Einkaufsbummel oder schauen uns einen Film an. Gemeinschaftserlebnisse leben übrigens nicht nur vom gemeinsamen Tun, sondern mindestens genauso stark vom Austausch darüber.

Nehmen Sie sich also die Zeit für gemeinschaftliche Unternehmungen mit lieben Menschen! Manchmal muss man sich selbst einen Ruck geben, um nach Feierabend noch zum Lauftreff, zum Spanischkurs an der Volkshochschule oder zu einer Geburtstagsfeier aufzubrechen. Trotzdem: Tun Sie es, ohne lang nachzudenken!

Mit Gelassenheit die Stürme des Lebens meistern

Kennen auch Sie Menschen, um die herum ein Tornado toben kann und die trotzdem noch lächeln und wie die Ruhe selbst wirken? Menschen, die scheinbar nichts aus dem Gleichgewicht bringen kann, die kaum je in Panik geraten und sich schon gar nicht über Kleinigkeiten aufregen? Als trügen sie eine innere Sonne in sich, gegen deren Strahlen auch finsterste Wolkenbänke keine Chance haben …

»Gelassenheit« ist hier das Zauberwort. Darunter versteht man ein Lebensgefühl, das einen auch in turbulenten Zeiten einen klaren Kopf bewahren lässt. Wer gelassen ist, trifft zudem die überlegteren Entscheidungen, weil er sich nicht unter Druck setzen lässt. Im Job und privat die Klippen des täglichen Lebens heiter und entspannt umschiffen zu können, auch wenn's mal stürmisch zugeht, das ist schon eine verlockende Vorstellung. Gelassenheit wirkt wie ein Bollwerk gegen Stress und Hektik und ist damit natürlich gut für die Gesundheit und die Lebensqualität. Auf einer gelassenen Lebenssicht hat gute Laune es leicht, zu gedeihen, schwierig ist es hingegen unter Gefühlen von Anspannung, Druck und Angst.

Persönliche Ressourcen nutzen

Jeder muss das Auf und Ab des Lebens und vieler unvorhersehbarer Ereignisse verkraften. Es gibt immer wieder Geschehnisse, auf die Sie keinen Einfluss haben – zumindest nicht auf die Sache selbst, wie z. B. bei feststehenden Entscheidungen anderer Menschen, plötzlichen Unfällen, Trennungen oder Todesfällen. Zunächst einmal scheint einen das Geschehen zu überwältigen, und man hat vielleicht den Eindruck, dass es nun überhaupt nicht mehr weitergeht. Denken Sie stattdessen, wenn solche Gefühle auftauchen, an frühere Probleme oder Krisen, in denen Sie ähnlich gefordert waren und die Situation aber schließlich gemeistert haben. Fragen Sie sich dann:

- Was hat Ihnen damals geholfen, die Lage zu akzeptieren?
- Was alles hat dazu beigetragen, dass es Ihnen besser ging?
- Welche Ihrer Fähigkeiten haben Sie eingesetzt, um wieder auf die Beine zu kommen?
- Welche Überzeugungen waren hilfreich für Sie?
- Welche Menschen konnten Sie ansprechen und wer hat Ihnen womit geholfen?
- Welche Lehren haben Sie aus dem Geschehenen gezogen?

Genau diese bewährten Strategien können Ihnen auch in der aktuellen Situation helfen, sich mit einem Schicksalsschlag zu arrangieren und wieder zu ihrer inneren Mitte zu finden.

Mehr Jahre – weniger Wolken?

Je älter wir werden, umso mehr kann Gelassenheit wachsen – sofern man sich nicht in der Bitterkeit des Nicht-annehmen-Könnens des Unabänderlichen in sich selbst zurückzieht. Mit zunehmendem Alter können wir nämlich auf viele, viele Referenzsituationen zurückblicken, in denen stets nach Regen Sonnenschein kam und nach einem Winter wieder der Frühling.
Wie die Untersuchung einer Forschergruppe um Prof. Laura Carstensen an der Stanford University zeigte, verfügen ältere Menschen tatsächlich offensichtlich über deutlich mehr Gelassenheit und emotionale Stabilität als jüngere. Im Rahmen der Studie schilderten 184 Menschen jeweils eine Woche lang anhand 19 vorgegebener Emotionen ihre Gefühlslage, sobald ein kleines Gerät in ihrer Tasche piepste. Das Ergebnis war, dass die Probanden desto seltener negative Emotionen oder ein ausgesprochenes Stimmungstief erlebten, je älter sie waren. Die Älteren fielen auch deutlich langsamer in ein Stimmungsloch als die jüngeren und konnten zudem von einem Gefühlshoch länger profitieren.

Manchmal Sonne, manchmal Regen – das ist normal

Wer es als gegeben hinnimmt, dass das Leben immer wieder Gewitter, Stürme und Hagelschauer mit sich bringt und man zu Lebzeiten kein Paradies andauernder wolkenloser Problemfreiheit erleben wird, der ist schon auf einem guten Weg zu mehr Gelassenheit und Lebensfreude. Wenn Sie zurückschauen: War nicht Ihr ganzes bisheriges Dasein eine Abfolge von Herausforderungen und Lösungen? Und das wird auch zweifelsfrei so weitergehen. Mal ganz abgesehen davon, dass ständiger Sonnenschein vermutlich darüber hinaus ziemlich langweilig wäre.

Das Wetter können Sie nicht ändern ... wichtig ist einzig und allein, wie Sie mit den immer neuen Herausforderungen umgehen. Gelassenheit heißt auch, sich bewusst zu sein, dass nicht jeder Weg zum Ausweg wird und Scheitern nichts mit den eigenen Qualitäten als Mensch zu tun hat. Auch wenn es sich erst einmal etwas merkwürdig anhört: Scheitern muss nicht entmutigend, sondern kann auch ermutigend sein, denn wenn klar ist, welcher Weg nicht zum Ziel führt, dann fällt schon mal eine Möglichkeit weg. Sie können dann etwas anderes probieren und damit die eigenen Chancen erhöhen, zu guten Lösungen zu kommen.

Abstand von den eigenen Gefühlen gewinnen

Der hauptsächliche Grund dafür, warum es oft schwerfällt, in herausfordernden Situationen gelassen zu bleiben, ist, dass man sich völlig mit dem Geschehen und den dadurch ausgelösten Gefühlen identifiziert. Furcht und Abwehr machen einen unfähig, folgerichtig zu denken. Stattdessen reagiert man reflexartig und gerät damit natürlich auch in Gefahr, etwas Unüberlegtes zu tun. Deshalb ist es so wichtig, zu lernen, wie man in einer solchen Situation einen Schritt neben sich selbst machen kann, um die aufgewühlten Emotionen zu beruhigen und zur Gelassenheit zurückzufinden.

Gelassenheit tanken

In Situationen, in denen Sie spüren, dass Ihre Gelassenheit sich auf und davon machen will, machen Sie eine kurze Pause. Stellen Sie sich dann, am besten schriftlich, folgende vier Fragen:

1 Was genau beunruhigt mich, was macht mir ein mulmiges Gefühl? – Beschreiben Sie möglichst präzise, was Sie innerlich beschäftigt.

2 Was könnte mir (oder anderen) im schlimmsten Fall passieren? – Malen Sie sich Ihre Befürchtungen aus, bringen Sie die Ängste auf den Punkt.

3 Wie hoch ist die Wahrscheinlichkeit, dass dies eintritt? – Hier sind Sie bitte sehr kritisch!

4 Was kann ich jetzt tun, um dem vermuteten »Schlimmsten« die Spitze zu nehmen? – Notieren Sie sich alles, was Ihnen einfällt, um den »schlimmsten Fall« abzuwenden und: Tun Sie es.

Mit dieser Übung aktivieren Sie automatisch Ihre Großhirnrinde, also Ihr »Denk-Hirn« und gewinnen Abstand zu Ihren Emotionen. So kommen Sie dann entweder auf Lösungsansätze oder erkennen, dass Sie momentan nichts bewirken können. Beides erleichtert.

Das Leben lieben

Vertrauen in das Leben und darauf, dass sich letztlich alles zum Guten wendet – auch darum geht es bei Gelassenheit. Die Freude am und die Liebe zum Leben und zu den Mitmenschen sind enorm wichtig. Annehmen, was kommt, das eigene Leben als facettenreiches Projekt und nicht als Bürde zu sehen ist in manchen Situationen sicherlich nicht einfach. Doch genau dies ist der Schlüssel dazu, eine stabile innere Großwetterlage zu schaffen, bei der gute Laune die Regel und nicht die Ausnahme ist. Dazu gehört, die Vielfalt der eigenen Gefühlswetterlagen zu kennen und zu akzeptieren, ohne sich davon »regieren« zu lassen, aber auch, die eigenen Unvollkommenheiten mit Humor zu nehmen.

Das Gesetz des Säens und Erntens

Kennen Sie das: Ich gebe erst, wenn ich etwas bekommen habe? Ich werde dann nett zu dir sein, wenn du nett zu mir gewesen bist? In dieser Warteschleife zu hängen und darauf zu warten, dass der andere den ersten Schritt tut … ist das nicht regelrecht lebensglückvernichtend? Was, wenn ein Gärtner sagen würde: »Ich werde erst aussäen, wenn ich gesehen habe, dass die Saat aufgegangen ist«? Tja, da würde es wohl nichts werden mit der Gemüseernte!

Lächeln macht genauso viel oder wenig Mühe wie ein düsterer Blick; ein freundliches Wort dauert ebenso lang wie ein barsches. Aufmunternde Gedanken an sich selbst gerichtet, kosten genauso viel oder wenig Zeit und Energie, wie sich selbst herabzusetzen oder zu beschimpfen. Mit dem, was Sie denken und tun, senden Sie Signale aus, die zu entsprechenden »Antworten« führen. Man kann keine missmutigen, neidischen oder miesepetrigen Gedanken säen und erwarten, dennoch positive Resultate zu erzielen.

Machen Sie den ersten Schritt!

Alle großen Veränderungen im Leben – zum Guten wie zum Schlechten hin – fangen mit einer Veränderung des Denkens an. Warten Sie also nicht darauf, dass andere den ersten Schritt tun. Betrachten Sie gute Stimmung und offenes Entgegenkommen als bewusste Vorleistungen Ihrer selbst oder besser noch: als unverbindliche Einladung. Nicht alle Einladungen werden angenommen, erstaunlich viele aber doch und manche gänzlich unerwartet. Wenn Sie in der Gärtnerei eine Tüte Samen kaufen, heißt das auch nicht automatisch, dass aus jedem davon eine vitale Pflanze wird. Manche entwickeln nur mickrige Triebe, andere gehen gar nicht auf. Aus einigen aber werden kräftige und gesunde Pflanzen, die viele Früchte tragen.

Betrachten Sie Ihre gute Laune als unverbindliche Einladung an andere, Ihrem Beispiel zu folgen.

Was habe ich gesät? Was will ich säen?

Betrachten Sie diejenigen Ihrer Lebensumstände, die in Ihnen immer wieder ärgerliche, missmutige oder niedergedrückte Gedanken hervorrufen.

- Was ist die Geschichte dieser Lebensumstände? Wodurch sind sie hervorgerufen worden? Wo lag der Anfang? Was folgte worauf? Wo sehen Sie Zusammenhänge?

- Was davon haben Sie selbst mittels bestimmter Gedanken, Überzeugungen, Entscheidungen oder auch Verhaltensweisen »gesät«?

- Was könnten Sie in diesen Sie bedrückenden Bereichen jetzt aussäen, um später Gutes ernten zu können? Machen Sie sich hierzu ruhig ausführlichere Gedanken.

- Befragen Sie auch andere, beispielsweise Kollegen, Ihren Partner oder eine Freundin ganz abstrakt nach dem Motto: »Wenn jemand zu Ergebnis X kommen will, was müsste er Ihrer/deiner Meinung nach dafür tun?« Notieren Sie sich, was Sie von den anderen erfahren.

- Wenn Sie eine Zielvorstellung und eine Vorstellung von möglichen Schritten dahin entwickelt haben, dann machen Sie sich einen Plan, in dem Sie festhalten, was Sie wann und wie »säen« wollen.

- Fragen Sie sich: Wer oder was in meiner Umgebung unterstützt mich bei meinem Ziel? Wer oder was in meiner Umgebung bremst oder blockiert mich hingegen eher? Was müsste ich an meiner Umgebung verändern, so dass ich eher unterstützt als gebremst werde? Halten Sie auch hierzu wieder Ihre Gedanken schriftlich fest, und arbeiten Sie die Erkenntnisse in Ihren Plan ein.

Um Ihre Denkgewohnheiten, Sichtweisen und Ihr Verhalten nun nachhaltig hin zu mehr Sonnenschein in Ihrem Leben zu entwickeln, sind vor allem zwei Dinge nötig – und von diesen beiden eine möglichst große Dosis: Ausdauer und Training. Doch Sie werden sehen: Es lohnt sich!

Gute Laune weitergeben

Das Kausalitätsgesetz des Säens und Erntens wird besonders in der Qualität der täglichen Kommunikation sichtbar. Wenn man chronische Niedergeschlagenheit, Gereiztheit und Missmut sät, wird man Rückzug und Einsamkeit ernten. Sät man hingegen Freude, Zuwendung und Zuversicht, wird man gute Beziehungen zu interessanten und optimistischen Zeitgenossen ernten.

Der eigene Umgangsstil ruft in unseren Mitmenschen meist genau diejenigen Verhaltensweisen hervor, die unseren inneren Überzeugungen entsprechen. Man hat also immer recht – so oder so. Was lässt sich nun alles tun, um gute Laune weiterzugeben?

Jeder Mensch möchte neben der Befriedigung einer Reihe verschiedenster Bedürfnisse drei Dinge ganz besonders:

1. Er möchte wahrgenommen werden.

2. Er möchte Sympathie spüren.

3. Er möchte Wertschätzung erfahren.

Ist das nicht bei Ihnen ganz genauso? Wenn Sie gut gelaunt sind, dann fühlen Sie sich doch mit sich und der Welt im Einklang, finden sich genauso richtig, wie Sie sind, geschätzt und verstanden. Gute Laune weitergeben heißt also, dem anderen Menschen die Möglichkeit zu geben, sich ähnlich gut zu fühlen, wie Sie sich gerade fühlen.

Anderen mit Sonne begegnen

Gewöhnen Sie sich daher an, den Menschen, mit denen Sie zu tun haben, freundlich und offen zu begegnen, beispielsweise sie anzulächeln oder herzlich zu grüßen – und sie dabei auf jeden Fall bewusst anzusehen und wahrzunehmen, so dass der oder die andere sich auch wirklich gemeint fühlt. Am besten ist natürlich, Sie sprechen denjenigen oder diejenige mit seinem bzw. ihrem Namen an. Dabei müssen Sie sich nicht auf den »engeren Kreis« bekannter Personen beschränken – auch die Verkäuferin an der Kasse oder den Busfahrer kann man mit einem Lächeln überraschen. Meist wird Ihr Gegenüber das Lächeln zurückgeben, oft etwas überrascht – und das hebt wiederum die eigene Laune. Ist es nicht ein schöner Gedanke, dass Sie mit Ihrer freundlichen Wahrnehmung jemandem eine Freude gemacht haben, der vielleicht gerade im Begriff war, in einem düsteren Gedankengang zu versacken?

Auch ein Lob, ein Kompliment oder ein Dank kann jemandem signalisieren, dass er wahrgenommen, gemocht und geschätzt wird. Die Marktfrau hat eine neue Frisur? Dann sagen Sie es ihr! Die Kollegin hat ihren Vortrag toll präsentiert? Dann geben Sie ihr dieses Feedback! Oder Ihr Partner hat den Wochenendeinkauf übernommen? Auch dann ist es Zeit für ein anerkennendes Wort.

Ermutigen Sie außerdem die Menschen, mit denen Sie zu tun haben, und bieten Sie gegebenenfalls konstruktive Hilfe an, wenn ein anderer mit einer kniffligen Fragestellung nicht weiterkommt. Je lösungsorientierter Sie selbst denken, desto leichter wird es Ihnen auch fallen, lösungsfördernde Impulse weiterzugeben, die anderen Mut machen, Herausforderungen zu meistern.

Last but not least weiß schon der Volksmund, dass kleine Geschenke die Freundschaft erhalten. Verschenken Sie daher, was Ihnen möglich ist, immateriell und materiell: Zuspruch, Geduld, ein offenes Ohr, eine Schachtel Pralinen, eine Tasse Kaffee…

ÜBUNG:
Geschenke-Tag

Erklären Sie einen Tag im Monat zum »Geschenke-Tag«. Jeder Mensch, mit dem Sie an diesem Tag zu tun haben, soll etwas von Ihnen bekommen. Das kann eine nette Kleinigkeit sein: ein Päckchen Kekse zum Nachmittagskaffee für Ihre Kollegen, ein großzügiges Trinkgeld, ein guter Rat, ein Strauß Blumen, eine Einladung, ein Kompliment. Bitte nichts »Ausrangiertes« oder gar Aufwendiges verschenken – es geht hierbei nur um die Geste und darum, dass der andere spürt, dass Sie ihm etwas Gutes tun wollen.

Edelmut tut gut

Wie der amerikanische Psychologe und Glücksforscher Edward Diener in einer seiner Studien dokumentierte, sind wir, wenn wir anderen etwas Gutes tun, nach einer solchen Aktion selbst noch längere Zeit in einer Hochstimmung. Auch Forscher der British Columbia University in Vancouver wiesen nach, dass es deutlich die Stimmung hebt, Geld nicht nur für den eigenen Nutzen auszugeben, sondern auch andere damit zu erfreuen.

Wenn Sie durch den »Geschenke-Tag« richtig auf den Geschmack gekommen sind, so gibt es viele Möglichkeiten, auch im größeren Stil gute Laune weiterzugeben: ehrenamtliche Arbeit, Unterstützung sozialer, ökologischer oder kultureller Projekte, Spenden, Patenschaften, Hilfsaktionen… Diese Art Engagement hat außer dem guten Gefühl, geholfen zu haben, auch noch einen sinnstiftenden Aspekt. Und etwas Sinnvolles zu tun ist eine starke Gute-Laune-Quelle.

Bleiben Sie am Ball!

Alte pessimistische Denkweisen, die Sie bereits überwunden zu haben glaubten, werden immer mal wieder zurückkehren. Ihr Auftreten ist jedoch kein Beweis dafür, dass alles »umsonst« war. Schließlich ist Ihr Gehirn jahrzehntelang diesen gut gebahnten Wegen gefolgt. Gut Ding will Weile haben: Bleiben Sie dran, aber setzen Sie sich nicht unter Druck. Denken Sie immer wieder daran, dass auch die »alte« Situation ihre Entstehungszeit gebraucht hat, dementsprechend wird es eine Weile dauern, die Dinge zu ändern.

Es wäre schön, wenn Sie sich dem Gute-Laune-Training mindestens so intensiv und konsequent widmen würden wie beispielsweise Ihren Finanzen, denn: Die Stimmung ist entscheidend für Ihr Selbstwertgefühl, Ihre Tatkraft und auch für Ihre Lebenszufriedenheit.

Das Wichtigste auf einen Blick

❀ Gute Laune kann zur vorherrschenden inneren Großwetterlage werden, wenn Sie Ihre Gedankenwelt danach ausrichten.

❀ Wenn Sie den Fokus auf das Positive in Ihrem Leben legen, haben Sie schon einen sehr großen Schritt in Richtung sonnige Laune getan.

❀ Mit einer Änderung Ihrer inneren Haltung zu sich selbst, zu Ihren Mitmenschen und Lebensumständen haben Sie es selbst in der Hand, weit häufiger als bisher in einer guten Stimmung zu sein.

❀ Der Schlüssel dazu ist, Ihre Bewertungen dessen, was geschieht oder geschehen ist, zu verändern. Dies führt zu anderen Konsequenzen in Ihren Gefühlen und Ihrem Verhalten.

❀ Wie Sie mit sich selbst reden, spiegelt Ihre Laune, Ihr Verhältnis zu sich selbst und zu Ihrer Umgebung. Wenn Sie für einen aufbauenden inneren Dialog sorgen, ändert sich auch die vorherrschende Stimmung in Ihrem Inneren.

❀ Lernen Sie von den sonnig gelaunten Menschen in Ihrer Umgebung. Mit ihren Strategien zu experimentieren verschafft Ihnen viele Aha-Erlebnisse.

❀ Aufzuhören, sich mit Menschen zu vergleichen, die es in Ihren Augen »weiter« gebracht haben als Sie selbst, und sich stattdessen auf die eigenen Stärken und Errungenschaften zu konzentrieren stärkt Ihr Selbstwertgefühl. Das Gleiche gilt, wenn Sie Ihre inneren Antreiber auf ein nützliches Maß reduzieren.

❄️ **Das Entscheidungs*werkzeug*** »Love it – change it – leave it« versetzt Sie in die Lage, für Klarheit zu sorgen und Ihre Entschlussfreude zu stärken. Es ist gut anzuwenden in aktuellen Konfliktsituationen, aber auch zur Entsorgung von »Altlasten« wie Verletzungen, Kränkungen oder aufgestautem Zorn.

❄️ **Ärger und Zorn** lassen sich bewältigen, indem Sie Ihren Handlungsspielraum erweitern, und auch, indem Sie mit der Ärger-ex-und-hopp-Methode Ihre Gefühle klären und dann entscheiden, wie Sie damit umgehen.

❄️ Wenn Sie den **Kontakt zu Menschen** reduzieren, die Ihnen häufig die Stimmung vermiesen, gewinnen Sie Zeit für Kontakte zu Menschen, die Ihnen guttun und mit denen Sie eine Beziehung gegenseitiger Wertschätzung pflegen können.

❄️ Je mehr Sie an **Gelassenheit gewinnen**, umso mehr sind Sie auch »seefest« für Stürme, die das Leben mit sich bringt.

❄️ Mit der zielgerichteten Anwendung des **Gesetzes des Säens und Erntens** können Sie Impulse setzen, die Gutes bewirken – besonders auch in persönlichen und beruflichen Beziehungen.

❄️ **Sonnige Stimmung weiterzugeben** ist eine der stärksten Gute-Laune-Quellen überhaupt.

Dr. Richard Bolstad ist Neuseelands bekanntester Qi-Gong-Lehrer, NLP-Trainer und Psychotherapeut. Gut die Hälfte des Jahres reist er durch Asien, Europa und die USA, um die Kunst des gelassenen Lebens zu lehren.

? Was hilft Ihnen im Alltag am meisten, auch in schwierigen Situationen bei Laune zu bleiben?

Ich denke daran, dass diese Situation nur eine kleine Welle im Meer des Lebens ist und dass das, wie ich mich fühle, kein Resultat der Umstände ist, sondern dass sich meine Gefühle ändern können.

? Was sind Ihre ganz speziellen Auslöser für miese Laune?

Wenn mich jemand bedrängt, mehr Aufgaben zu übernehmen, als ich bewältigen kann, und ich mich erweichen lasse, und wenn mir jemand böse Absichten unterstellt und ich mich dann bemüßigt fühle, mich zu rechtfertigen.

? Jeder kennt Tage, an denen nichts recht gelingen will – was machen Sie mit so einem Tag?

Mich ausruhen und mir Zeit für mich selbst nehmen.

Können Sie anderen Menschen leicht verzeihen?

Ja. Jeder, mich eingeschlossen, geht die Dinge an, so gut er eben kann, mit den Mitteln, die ihm zur Verfügung stehen.

Was machen Sie, wenn ein chronischer Schwarzdenker Sie in ein längeres Gespräch über die Mühsal des Lebens im Allgemeinen und im Besonderen verwickeln will?

Ich frage, ob ich ihm helfen darf, sich zu verändern. Wenn er das Angebot annimmt, helfe ich. Wenn nicht, ziehe ich mich zurück.

Was fällt Ihnen zu folgendem Zitat ein, das Franz Liszt zugeschrieben wird: »Glücklich, wer mit den Verhältnissen zu brechen versteht, ehe sie ihn gebrochen haben.«

Ich denke, es heißt, jemand kann sich dann glücklich schätzen, wenn er sich selbst so weit verändern kann, dass er sich stark genug fühlt, die äußeren Umstände zu ändern – und in der Folge das Feedback, das er dann erhält, ihn zu weiteren Veränderungen ermutigt.

Was sind Ihre drei stärksten persönlichen Gute-Laune-Quellen?

Ich bin dankbar für das, was das Leben mir bislang gegeben hat. Ich schaue mich um und mache mir bewusst, was das Leben momentan alles für mich bereithält – und ich freue mich auf die Dinge, die da kommen.

Literatur- und Linktipps

André, Christophe:
Einfach glücklich. Ullstein 2005

Breitenbach, Verena / Katić, Katarina:
Endlich gut drauf! Knaur Ratgeber 2006

Csikszentmihalyi, Mihaly: Flow:
Das Geheimnis des Glücks. 13. Auflage, Klett-Cotta 2007

Fuchs, Helmut / Gratzel, Dirk C.:
Launologie. Heyne 2007

Hollweg, Petra:
Gleichgewicht für die Seele. Knaur Ratgeber 2007

Kensington, Ella:
Die Glückstrainer: Wie man bei sich und anderen die guten Gefühle
entstehen lässt. Ella Kensington Verlag 2004

Klein, Stefan:
Die Glücksformel oder Wie die guten Gefühle entstehen. Rowohlt 2003

Konnerth, Tania:
Sonnenschein an jedem Tag. 365 gute Gedanken. Herder 2004

Küstenmacher, Werner Tiki / Seiwert, Lothar J.:
Simplify your life. Knaur 2008

www.zeitzuleben.de
Online-Ratgeber rund um die Themen Erfolg, Zufriedenheit und Lebensqualität

www.gluecksarchiv.de
Wissenswertes über Optimismus, Lachen, Glück und mehr

Register

Helfen Sie Ihrem Glück
auf die Sprünge!

Dr. med. Verena Breitenbach /
Katarina Katić
Endlich gut drauf!
144 Seiten
ISBN 978-3-426-64372-3

Petra Hollweg
Gleichgewicht für die Seele
128 Seiten
ISBN 978-3-426-64463-8

www.knaur-ratgeber.de

Dank
Bei allen, die am Gelingen von »Richtig gute Laune kriegen« beteiligt waren, möchte ich mich ganz herzlich bedanken: bei allen Seminar- und Workshopteil-nehmerInnen meiner Gute-Laune-Trainings, die mich zu etlichen Ideen und Übungen inspiriert haben, bei der Literaturagentur Swantje Steinbrink und bei Frau Katharina Harlfinger von Knaur Ratgeber für ihre tatkräftige Unterstützung und die ausgesprochen sonnige Zusammenarbeit.

Bibliografische Information der Deutschen Nationalbibliothek
Die Deutsche Nationalbibliothek verzeichnet diese Publikation in der Deutschen Nationalbibliografie; detaillierte bibliografische Daten sind im Internet über http://dnb.d-nb.de abrufbar.

© 2008 Knaur Ratgeber Verlag
Ein Unternehmen der Droemerschen Verlagsanstalt
Th. Knaur Nachf. GmbH & Co. KG, München
Alle Rechte vorbehalten.

Das Werk einschließlich aller seiner Teile ist urheberrechtlich geschützt. Jede Verwertung außerhalb des Urhebergesetzes ist ohne Zustimmung des Verlages unzulässig und strafbar. Das gilt insbesondere für Vervielfältigungen, Übersetzungen, Mikrover-filmungen und die Einspeicherung und Verarbeitung in elektronischen Systemen. Es ist deshalb nicht gestattet, Abbildungen dieses Buches zu scannen, in PCs oder auf CDs zu speichern oder in Computern zu verändern oder einzeln oder zusammen mit anderen Bildvorlagen zu manipulieren, es sei denn mit schriftlicher Genehmigung des Verlages.
Bei der Anwendung in Beratungsgesprächen, im Unterricht und in Kursen ist auf dieses Buch hinzuweisen.

Wichtiger Hinweis
Die im Buch veröffentlichten Ratschläge wurden von Verfasserin und Verlag mit größter Sorgfalt erarbeitet und geprüft. Eine Garantie kann jedoch nicht übernommen werden. Ebenso ist eine Haftung der Verfasserin bzw. des Verlages und seiner Beauftragten für Personen-, Sach- oder Vermögensschäden ausgeschlossen.

Bildnachweis
Umschlagillustrationen:
Nina Rode, Berlin
Foto Klappe: Andrea Forster, Bayreuth
Abbildungen Innenteil:
Gaby Herbrecht, Mindelheim

Projektleitung: Katharina Harlfinger
Redaktion: Dr. Gabriele Schweickhardt,
Frankfurt a.M.
Bildredaktion: Sylvie Busche (Ltg.),
Markus Röleke

Herstellung: Veronika Preisler
Layout und Satz: Gaby Herbrecht
Umschlaggestaltung: griesbeckdesign,
München
Druck und Bindung: Offizin Andersen
Nexö Leipzig GmbH, Zwenkau

Printed in Germany

ISBN 978-3-426-64917-6

5   4   3   2   1

Bitte besuchen Sie uns auch im Internet unter der Adresse:
www.knaur-ratgeber.de